LA FAISEUSE D'ÉTOILES

Mélissa Da Costa, trente-deux ans, a conquis son public avec son premier roman, *Tout le bleu du ciel*. Elle s'est imposée comme une autrice incontournable. Ses cinq autres romans, *Les Lendemains*, *Je revenais des autres*, *Les Douleurs fantômes*, *La Doublure* et *Les Femmes du bout du monde*, sont également des best-sellers et ont conquis plus de deux millions de lecteurs.

Paru au Livre de Poche :

Les Douleurs fantômes

Je revenais des autres

Les Lendemains

Tout le bleu du ciel

MÉLISSA DA COSTA

La Faiseuse d'étoiles

LE LIVRE DE POCHE

Mélissa Da Costa a offert cette nouvelle pour soutenir l'action de l'UNICEF en faveur des enfants dans le monde.

L'UNICEF et Le Livre de Poche tiennent à lui exprimer toute leur gratitude pour cette initiative.

Pour chaque livre vendu 2 € seront reversés à l'UNICEF pour financer les interventions sur le terrain dans plus de 190 pays et territoires. Avec 2 € l'UNICEF fournit par exemple sept barres d'alimentation d'urgence.

Grâce à vos dons l'UNICEF sauve, protège, éduque et réagit en urgence auprès des enfants.

Nous vous remercions de votre confiance et de votre soutien fidèle.

www.unicef.fr

Couverture : Studio LGF. © Edwin Grandas / Shutterstock.

ISBN : 978-2-253-24711-1 – 1re publication LGF

À mon fils Martin
mon très cher trésor,
étoile de mes nuits.
À tous les enfants
de notre jolie planète.

1

Présent

« *Figure-toi qu'on m'a confié une mission*, m'a un jour dit Maman. *Je ne sais pas si je peux t'en parler. C'est une mission secrète. Les autres autour de nous risqueraient de ne pas nous croire. Ils prétendraient que c'est faux…* »

Mes yeux parcourent le distributeur de boissons chaudes sans vraiment faire attention aux annotations. Café, Café latte, Cappuccino. Je n'ai jamais aimé le café, mais il faut bien que je tienne une partie de la nuit éveillé. C'est un moment difficile que je m'apprête à vivre. Une nuit unique qui, je le sais, va changer ma vie.

« *Tu ne peux pas aller dans l'espace !*

— *Et pourtant, on me l'a demandé…*

— *Où ? Sur la Lune ? Sur Mars ?*

— *Mmm, non… Sur une planète plus jolie. Beaucoup plus jolie.* »

Mon doigt appuie sur Café latte. Au hasard. J'écoute le mécanisme se mettre en route. Je pense à Maman. Ce soir, plus que jamais. Il n'y a pas de fenêtre dans le couloir où je me trouve. Je ne peux apercevoir le ciel, mais je sais qu'il est dégagé. Si je pouvais y lever les yeux, je trouverais toutes les étoiles que j'ai appris à déchiffrer depuis que Maman m'a parlé de sa mission spéciale dans l'espace, vingt-trois ans en arrière.

Le gobelet marron se remplit doucement. Des vapeurs d'eau chaude s'élèvent au-dessus du réceptacle. Je fourre les mains dans mes poches, étouffe un bâillement. J'ai quelques minutes devant moi et l'envie de retourner dans le passé. À ce jour-là précisément. Le jour où Maman m'a parlé de sa mission spéciale dans l'espace. C'était un jeudi et j'avais cinq ans.

2

Le jour où Maman m'a parlé de sa mission dans l'espace

Ça avait été une drôle de fin de journée. Papa était venu me chercher à l'école. Maman n'avait pas pu. Dehors, il pleuvait. J'avais bien pensé à laisser mes chaussures pleines de boue dans l'entrée, mais Papa ne m'avait pas félicité. Il ne remarquait jamais ce genre de détails, contrairement à Maman. Comme il pleuvait, je ne pouvais pas goûter dehors, sur ma butte de terre. Je m'étais donc installé sur le tapis du salon, celui qui était vert foncé et tout doux, celui sur lequel on n'avait pas le droit de manger normalement. Mais comme je le disais, Maman n'était pas là et Papa ne faisait pas attention à ce genre de choses. Je croquais donc dans ma barre chocolatée sur le tapis du salon et Papa était posté devant la fenêtre depuis une éternité. Il avait un air tout bizarre. L'air qu'avaient les grandes personnes quand elles utilisaient des mots qui semblaient avoir été inventés : « argus », « agio » ou encore « obsolescence ». Il ne bougeait plus, comme une statue en forme de papa et moi je mangeais mon chocolat en caressant d'une main les poils longs du tapis vert qui me faisaient penser aux poils du chien de Cassie, ma tante. Un labrador crème.

La porte claqua quand Maman rentra à la maison. Pour le gosse que j'étais, Maman, c'était Maman, mais elle pouvait être Clarisse pour les autres gens et Chérie pour Papa. C'était une dame pas très grande, moins grande que Papa en tout cas, avec de longs cheveux couleur caramel qui tombaient tout droit dans son dos. Parfois, elle mettait une pince argentée dans ses mèches. Parfois, non. Moi, je préférais quand ses cheveux étaient lâchés. Sur son visage, il y avait de petites taches, comme sur les joues de tante Cassie, sa sœur. Des taches de soleil. Maman portait une seule bague à la main gauche et deux petites boules dorées à ses oreilles. Elle sentait toujours bon dans le cou, juste sous le menton, et c'était d'ailleurs là que Papa aimait l'embrasser.

Mais ce jour-là, le jour où Maman m'a parlé de sa mission spéciale, ils ne se sont pas embrassés…

Cling. Ce fut le bruit des clés posées sur le meuble d'entrée ce jour-là. Je me levai d'un bond. Chaque fois que quelqu'un arrivait à la maison, je courais dans l'entrée, même si c'était juste le facteur. Cela faisait sourire Maman qui passait une main distraite dans mes cheveux, tout en continuant à parler à notre visiteur. Quand c'était quelqu'un qu'on connaissait bien, elle ajoutait :

« Arthur, fais un bisou. »

Et je me forçais. Je tendais la joue et j'attendais qu'on m'embrasse. Moi, je n'embrassais pas. Ou pour de faux : des bisous qui ne claquaient pas.

Ce soir, dans l'entrée, je ne trouvai que Maman et son parapluie. Elle n'alluma pas la lumière du vestibule. Elle passa sa main dans mes cheveux et demanda :

« Ça va, Trésor ? »

Et je notai tout de suite qu'elle n'avait pas sa voix de d'habitude, qu'elle prononçait cette phrase simplement parce qu'elle y était habituée, parce que c'était notre ritournelle quotidienne, mais elle n'écouta pas vraiment ma réponse.

« Il y avait un raton laveur dans l'école. Le maître dit que c'est à cause de la pluie et des inondations. »

Elle défit son manteau pendant une éternité, comme si un de ses bras était coincé dans une manche.

« Tu sais comment c'est, un raton laveur ?

— Un raton laveur ? »

Toujours pas de lumière dans le vestibule et la même voix distraite, la même que lorsqu'elle était au téléphone avec Mamie, qu'elle poursuivait son ménage, le téléphone coincé à l'épaule, et qu'elle répétait à intervalles réguliers « oui », « ah ? ».

« C'est comme dans *Pocahontas*. Tu as vu *Pocahontas*, hein ? »

Le manteau était enfin accroché. Papa arriva au même moment, s'adossa au mur, les bras croisés. Lui non plus ne pensa pas à allumer la lumière.

« Dans *Pocahontas* il s'appelle Meeko. Tu te souviens ?

— Attends, Trésor, laisse-moi le temps d'arriver, d'accord ? »

Elle dit cela en regardant Papa, pas moi. Papa décroisa les bras, mais il était toujours contre le mur, comme s'il en avait besoin pour ne pas tomber. Il parla de la façon dont les adultes parlent parfois, entre leurs dents serrées, comme s'ils n'avaient pas vraiment envie de laisser échapper les mots :

« Alors… ? »

Maman fit tomber le parapluie en voulant le déplacer. Elle fit un mouvement bizarre, elle leva les bras mais les laissa tomber très vite, comme s'ils étaient trop lourds. Il y eut un drôle de bruit qui s'échappa de sa gorge.

« Arthur, va dans le salon finir ton goûter », lança Papa.

Sa voix semblait en colère et je ne compris pas ce que j'avais fait.

« Mais…

— Va mettre la télé. »

Maman passa une nouvelle fois la main dans mes cheveux, puis elle me poussa vers le salon.

« J'arrive, Trésor, d'accord ?

— D'accord. »

Je repartis en trottinant, sans demander mon reste. La télé, je n'y avais jamais droit. C'était une occasion à ne pas manquer. L'écran s'alluma et, avec lui, un autre monde coloré et joyeux, trop bruyant. Pourtant, quelque chose en moi restait éteint, un peu inquiet. Dans le noir du vestibule, Papa et Maman parlaient à voix basse. Je sentais bien que ce n'était pas normal.

Ce soir-là, personne ne remarqua que j'avais taché de chocolat le tapis vert du salon et mon pull tout neuf. Papa et Maman quittèrent le vestibule et montèrent à l'étage, dans leur chambre. Puis Papa redescendit et appela Mamie en chuchotant dans la cuisine.

« J'ai faim. »

Papa ne m'entendit pas. Il était en ligne avec Mamie et même s'il n'avait pas l'air de s'amuser, il ne semblait pas décidé à raccrocher.

« Elle est où Maman ?

— Attends, ne quitte pas… Maman a mal à la tête. Elle se repose. Laisse-la tranquille, hein ?

— J'ai faim.

— Bon… Je… Je te fais chauffer quelque chose. »

Le téléphone coincé contre l'épaule, il ouvrit le réfrigérateur et déposa tout ce qu'il trouvait sur le plan de travail.

« Tiens, choisis ce qui te fait envie. »

Il y avait beaucoup de choses étranges ce soir. Déjà le noir dans le vestibule, puis la télévision. Maintenant, le repas. D'habitude, je n'avais pas le droit de choisir. Maman insistait toujours pour qu'il y ait au moins un légume vert dans nos assiettes.

« Non, bien sûr… On savait que le second avis risquait d'être le même… »

Il continua de parler dans le combiné. Il ne voyait pas que je lui désignais le paquet de nuggets.

« Elle y allait pour me faire plaisir. Elle savait qu'il se rangerait à l'avis de son confrère. »

Il referma la porte du réfrigérateur brusquement. J'agitai le paquet de nuggets dans son dos.

« Non, pas pour le moment… Elle dit qu'elle vous rappellera plus tard. Pour l'instant, elle préfère que je fasse l'intermédiaire…

— Papa !

— Quoi, Arthur ? »

Il me fit enfin face. Il avait le visage tout contracté, comme quand on met la tête sous l'eau et qu'on ne doit plus respirer.

« Je veux ça ! »

Je brandis le paquet sous son nez.

« Oui, Arthur est toujours là », dit-il dans le combiné.

J'étais certain que Mamie allait demander à me parler. Elle le faisait toujours. Je tendis le visage, prêt à entendre sa requête habituelle « tu me passes mon petit moineau ? », mais Papa recommença avec sa voix comme en colère, qui claque :

« Tu as pris ton bain ? »

Je secouai la tête. Il s'empara des nuggets et se baissa pour allumer le four.

« Va prendre ton bain.

— Mais…

— Va prendre ton bain. Hein ? Non, on ne lui a rien dit pour l'instant. »

Il ne s'adressait déjà plus à moi. Décidément, c'était une drôle de soirée… Si *même* Mamie s'y mettait…

Dans mon bain, comme personne n'était là pour surveiller, je ne me mouillai pas la tête. J'avais horreur de ça, me laver les cheveux. Déjà, le shampoing piquait les yeux et puis, après ça, j'étais obligé de passer sous le sèche-cheveux et ça durait trois heures à me faire remuer la tête dans tous les sens par Maman, alors que des tas de jeux m'attendaient dans la chambre.

Quand je redescendis, Papa était toujours au téléphone. Ce n'était plus Mamie, mais une autre personne.

« Oh merde ! » cria-t-il en me voyant.

Il courut s'agenouiller devant le four en lâchant d'autres gros mots que les adultes avaient le droit de dire mais pas les enfants. Il ouvrit la porte et une fumée noire envahit toute la cuisine. Je toussai et je ris en même temps, en me couvrant la bouche et le nez de mon haut de pyjama. C'était assez drôle un papa qui faisait une bêtise. Ça ne se produisait pas souvent. Il renversa les nuggets dans une assiette puis il lâcha le plat dans l'évier en secouant sa main.

« Attends demain pour l'appeler, continua-t-il dans le téléphone. C'est mieux. »

Je crus reconnaître la voix dans le combiné. J'étais sûr qu'il s'agissait de Cassie. J'attendis planté devant lui.

« Elle a pris un Doliprane et quelque chose pour l'aider à dormir. »

Je tirai sur son pantalon.

« Quoi, Arthur ?

— On mange ?

— Sers-toi. »

Il ouvrit un tiroir, prit une fourchette qu'il me tendit.

« Fais attention, c'est chaud. »

Mais je ne bougeai pas. Cassie continuait de parler dans le combiné et Papa écoutait, les sourcils froncés. Il me dévisagea sans comprendre.

« Va manger, Arthur. »

Il me désigna le salon, le canapé. On ne mangeait jamais dans le salon. On mangeait toujours à table, avec Maman et Papa. *Sans colère et sans cri !*

« Maman ?

— Maman est allée se coucher. Elle a mal à la tête. On va manger juste toi et moi. Commence, ça va être froid sinon. »

J'eus envie de protester, mais il me fit les gros yeux.

« Tante Cassie dit que les grands garçons peuvent manger tout seuls sans leurs parents. Elle parie que tu n'y arriveras pas.

— C'est pas vrai. »

Il me tendit le combiné, une seconde, juste le temps que j'entende la voix de tante Cassie qui montait dans les aigus :

« Pas cap, Arthuro ? »

Déjà Papa repartait à grands pas vers l'autre extrémité de la cuisine, me faisant signe de déguerpir.

Ce soir-là, tout fut bizarre. Papa ne mangea pas de nuggets avec moi. Quand il me rejoignit, je m'étais endormi sur le canapé et il déclara qu'il n'avait pas faim. Il me porta dans ma chambre et alluma la veilleuse en forme de fusée. Normalement, c'était Maman qui faisait ça. Papa arrivait juste après et me faisait un bisou sur le front en me disant « Fais de beaux rêves ».

Ce soir-là, tout était chamboulé et je demandai à Papa de me lire une histoire. Je fis durer l'histoire le plus longtemps possible, même si la voix de Papa n'était pas la même que d'habitude. Je la fis durer jusqu'à ce que je sombre.

Plus tard, j'ouvris les yeux dans la nuit bleutée de la chambre. Ma veilleuse fusée produisait un joli halo qui se réverbérait au plafond, comme une bulle de savon. Maman était assise au bout de mon lit, immobile. Une statue en forme de maman. Je m'agitai.

« Maman ? »

Elle sembla surprise de me voir réveillé.

« Tout va bien, Trésor. Rendors-toi. »

Elle vint s'asseoir près de mon oreiller, passa une main fraîche sur mon front, replaça quelques mèches de cheveux.

« Je venais juste te faire un bisou.

— C'est la nuit ?

— Non. C'est encore le soir. Un peu tard. »

Le visage de Maman était bleu et ses yeux paraissaient violets. Ses cheveux étaient plus foncés dans le noir, comme s'ils étaient mouillés. Elle ressemblait à une princesse aquatique. Je le lui dis et elle sourit. Puis j'ajoutai :

« Papa m'a fait des nuggets. Tante Cassie a dit que je pouvais manger tout seul. Papa et toi vous n'avez pas mangé.

— Si, Trésor, ne t'en fais pas. On a mangé. Plus tard. Quand tu dormais.

— Vous avez mangé des nuggets ?

— Non. On a mangé… »

Elle réfléchit.

« Une soupe.

— Tu es malade ? »

Sa main resta suspendue au-dessus de mon crâne.

« Quoi ?

— Papa a dit que tu avais mal à la tête.

— Oh ! »

Sa main se remit en mouvement et elle la coinça contre l'autre, entre ses genoux. Elle ressemblait à une petite fille comme ça, penchée en avant.

« C'est parce que j'ai appris une nouvelle étrange aujourd'hui.

— À ton travail ?

— Oui, à mon travail. »

Le travail de Maman se trouvait dans un bureau. Il paraît qu'elle devait y rester assise toute la journée, un peu comme nous à l'école, mais elle n'avait pas de récréation pour courir ou jouer. Elle travaillait avec un ordinateur et devait faire tout ce que les chefs ne voulaient pas faire. Son travail se nommait « secrétaire ». J'étais d'avis de le ranger avec les autres mots compliqués et pas très jolis : argus, obsolescence, etc. Mais avant, dans sa vie d'avant, quand elle n'était pas encore maman, Maman était illustratrice. Une dame écrivait des histoires et elle, elle faisait les dessins. *Zazou le Lézard qui ne voulait pas lézarder*, c'était elle qui l'avait dessiné. Toute ma collection. Elle avait arrêté parce que ça ne payait pas les factures et qu'avec un enfant il fallait payer les factures.

« Figure-toi qu'on m'a confié une mission », reprit Maman.

Je fixai ses yeux violets.

« Tes chefs ?

— Oui, mes chefs.

— Quoi comme mission ? »

Maman regarda au plafond comme si elle réfléchissait. Parfois, les adultes faisaient ça quand ils cherchaient leurs mots pour expliquer des trucs de grandes personnes aux petites personnes.

« Je vais devoir partir en voyage…

— Où ?

— Loin… Assez loin.

— Loin comment ? Loin comme l'Italie ? »

Un jour, on était allés en Italie pour les vacances d'été. La route avait duré tellement longtemps que j'avais dormi trois fois.

« Plus loin.

— Loin comme… comme l'Afrique ?

— Plus loin.

— Ça n'existe pas plus loin.

— Si…

— Non !

— Écoute, Arthur… Je ne sais pas si je peux t'en parler. C'est une mission secrète. »

Je me redressai dans mon lit. Elle me fit signe d'approcher et posa un doigt sur ses lèvres. Je montai sur ses genoux et je me nichai au creux de son cou, juste sous son menton, là où il y avait son odeur.

« Je sais garder les secrets, dis-je.

— Promis ?

— Promis.

— C'est important, Arthur. Parce que c'est une mission vraiment spéciale. Les autres autour de nous risqueraient de ne pas nous croire. Ils prétendraient que c'est faux…

— Et Mamie et Cassie ?

— On les mettra dans la confidence, elles aussi. Mais ce sera seulement nous cinq, d'accord ?

— D'accord.

— On fait un pacte ?

— On fait un pacte. »

Maman me tendit son petit doigt recourbé et je lui tendis le mien. On les accrocha l'un à l'autre, comme deux mailles qui scelleraient notre accord, puis Maman brisa le lien.

« Bien. Alors, tu veux un indice ?

— Oui. »

Ses yeux balayaient la pièce comme si elle cherchait quelque chose.

« Mon premier indice est dans la chambre.

— Ici ?

— Oui. »

Maman sourit de façon énigmatique. Ses yeux la trahirent : ils allèrent se poser sur la fusée lumineuse.

« Une fusée ? »

Son sourire s'élargit.

« Une fusée ? On va t'envoyer dans l'espace ? »

De nouveau, elle posa un doigt sur ses lèvres. Je me détachai de sa poitrine. Je croisai les bras, la sondai, mais il faisait trop sombre pour distinguer ses traits et savoir si elle plaisantait ou non.

« Tu ne peux pas aller dans l'espace ! je déclarai avec force.

— Et pourtant, on me l'a demandé…

— Où ? Sur la Lune ? Sur Mars ?

— Mmm, non… Sur une planète plus jolie. Beaucoup plus jolie. »

Je ne me souvenais d'aucune autre planète.

« Et si tu me sortais ton encyclopédie de l'espace ? Je pourrais peut-être la reconnaître… »

Je sautai au bas du lit d'un bond, sans lui laisser le temps de changer d'avis. J'avais vaguement conscience du fait qu'il était tard, que j'avais école le lendemain et que je n'avais pas droit de veiller ainsi d'habitude. Je me perchai sur la pointe des pieds pour allumer le plafonnier, puis je me dirigeai vers la bibliothèque que Papa m'avait installée pour mon anniversaire. À l'intérieur, il y avait des encyclopédies illustrées : sur l'espace, sur les animaux, sur les fleurs et les saisons. Je ne pouvais pas encore les lire tout seul, mais je parcourais les images et je comprenais presque tout.

Maman s'était installée au sol, sur la moquette, en tailleur. Je vins me nicher au creux de ses jambes, contre sa poitrine.

« C'est moi qui tourne les pages !

— D'accord. »

J'ouvris le livre en papier glacé sur la deuxième page, là où s'étendait une représentation du système solaire et de ses huit planètes. Mes doigts glissèrent sous les sphères.

« Lis-moi. »

Maman s'exécuta :

« Mercure, Vénus, Terre, Mars, Jupiter, Saturne, Uranus, Neptune. »

Un bruissement nous fit tourner la tête. Papa était là, dans l'embrasure de la porte, dans son pyjama bleu à rayures blanches, l'air hébété. Il parla à Maman :

« Tu es là… Je me demandais… »

Il se déplaça sur la moquette et vint s'accroupir à côté de nous.

« Vous faites quoi ?

— Je révèle à Arthur mon secret.

— Ton secret ?

— Ce que j'ai appris aujourd'hui… Ce voyage qu'on va m'envoyer faire. »

Dans le silence qui suivit et qui se prolongea drôlement, je m'agitai. Je pointai du doigt le livre avec une certaine impatience.

« Sur laquelle tu vas aller ? »

Papa s'installa derrière Maman, sur la moquette.

« Sur laquelle ? m'impatientai-je.

— La plus jolie.

— C'est laquelle ?

— À ton avis ? »

Je me penchai sur le livre. Mes yeux parcoururent les huit planètes. Je songeai que la Terre était drôlement jolie et qu'on avait beaucoup de chance de l'habiter. Mars n'était pas mal, mais le rouge n'était pas ma couleur préférée. C'était le bleu, indéniablement. Alors, mon regard accrocha la jolie sphère bleu-vert et les fins anneaux qui l'entouraient.

« Elle ? »

Je relevai la tête vers le visage de Maman.

« C'est la plus belle selon toi ?

— Oui. »

Maman déclara :

« C'est bien elle.

— Comment elle s'appelle ?
— Uranus.
— Qu'est-ce qui est écrit ? »
Je lui désignai le petit encart relié à la planète bleue.
« Voyons voir… Il est écrit qu'Uranus est une planète géante glacée.
— Glacée ? Il fait froid dessus ?
— Oui. Très.
— Quoi d'autre ?
— Elle est entourée par treize anneaux et… Oh ! Écoute ça : elle possède vingt-sept lunes ! »
Mes yeux s'arrondirent, passèrent de Maman – qui confirmait – à Papa – qui restait bien silencieux.
« Ce n'est pas possible !
— Si. C'est écrit.
— Et quoi d'autre ? Qu'est-ce qui est écrit d'autre ? »
Maman se replongea dans la lecture de l'encadré.
« Il y a… Oh, il y a des créatures polaires sur Uranus !
— Des ours ?
— Oui.
— Des pingouins ?
— On dirait bien.
— Quoi d'autre ?
— Des créatures qui n'existent pas sur notre planète à nous.
— Lesquelles ? »
Papa s'agita derrière Maman, se racla la gorge.
« Je crois qu'il est l'heure d'aller dormir pour Arthur, n'est-ce pas, chérie ? »

Maman le regarda, ils restèrent un long moment comme ça sans rien dire à part froncer les sourcils. Puis Papa secoua la tête et le sourire de Maman disparut de son visage.

« Il est l'heure d'aller au lit, répéta Papa.

— Non ! protestai-je.

— Sois raisonnable, Arthur. Il est très tard. »

Je cherchai Maman du regard, mais elle me repoussa doucement de ses genoux. Elle se leva avec des gestes lents.

« Quoi d'autre, Maman ? » criai-je.

Elle passa une main dans mes cheveux, un peu lasse. Ses yeux fixaient le mur maintenant. Papa me souleva dans ses bras. Je me débattis férocement.

« Ça suffit, Arthur. On parlera des planètes demain.

— C'est pas les planètes ! C'est la mission spéciale de Maman !

— On verra ça demain. »

Près de la porte, Maman avait l'air étrange, comme si elle ne nous voyait plus, comme si elle ne nous entendait plus non plus. Elle fixait quelque chose d'invisible au milieu de la pièce.

« Dis bonne nuit à Maman, Arthur. »

Papa me colla un baiser sur le front puis remonta la couverture sous mon menton, de force. Derrière lui, Maman m'envoya un baiser de la main, ses yeux encore dans le vague.

Clic. Le plafonnier s'éteignit. Ne resta que le halo bleu de ma fusée au plafond. Papa et Maman avaient disparu. J'étais seul dans la pénombre et j'avais un millier de questions sur la planète Uranus…

« Il y a des phoques sur Uranus ? lançai-je à travers la cloison.

— À demain ! » répliqua Papa.

Ce soir-là, j'entendis mes parents chuchoter dans le couloir, très vite, comme s'ils se disputaient. Moi, je tentai de m'imaginer ce que c'était que de vivre avec vingt-sept lunes dans son ciel. Je songeai qu'il ne devait jamais faire vraiment nuit…

3

Le jour où Papa a emprisonné un nuage

Jusque-là il y avait des règles établies à la maison. Vingt heures trente, l'heure du coucher, dix-huit heures, le bain, jamais après dix-neuf heures trente pour se mettre à table. Le mercredi était le jour des lessives, le samedi entre midi et deux, le créneau pour les courses. J'avais le droit de regarder la télévision le samedi soir uniquement et pas plus tard que la première page de publicité. Le dimanche midi, on déjeunait chez Mamie avec Cassie. Ni Papa ni Maman ne transigeaient avec ces règles, même si Papa tentait parfois de décaler l'heure du déjeuner dominical chez Mamie pour prolonger la grasse matinée.

Jusque-là, notre vie suivait une mécanique bien huilée mais tout avait dérapé subitement, suite à l'annonce par Maman de sa mission dans l'espace. C'était le jeudi soir, dans la nuit. Le vendredi, je n'avais rien noté de particulier. Il y avait eu l'école et Maman n'avait pas répondu à mes questions sur la planète Uranus. Chaque fois que j'avais tenté d'en parler, elle avait apposé un doigt sur ses lèvres comme si des gens, cachés en embuscade, pouvaient nous entendre. Mais le samedi, alors que j'étais planté sur ma butte de terre, essayant de faire tourner mon moulin à vent multicolore, elle vint me trouver et m'annonça :

« Arthur, enfile tes bottes. On va pique-niquer en forêt ! »

Il était onze heures quarante-cinq, l'heure habituelle où elle partait faire les courses. Elle tenait à bout de bras un sac en tissu rempli de victuailles. Derrière elle, Papa, l'air un peu perdu, enfilait un blouson en jean.

Papa c'était Victor pour les autres gens et Vic pour Maman. C'était un grand monsieur avec le crâne rasé, des sourcils en accent circonflexe et des chemises colorées à carreaux. Papa, quand il était jeune, avant qu'il ne soit un papa, avait les cheveux épais et noirs, mais il les avait perdus petit à petit, surtout sur les côtés, alors il les avait rasés. Papa était mécanicien. Ses mains étaient carrées, rugueuses et pleines de stries noires. Sous son blouson en jean, ce jour-là, Papa portait une chemise à carreaux rouge et blanc.

Bang. Ce fut le bruit que fit la portière de la voiture, ce midi-là, quand elle se referma derrière moi. Papa s'était installé derrière le volant et Maman était à côté, son sac en tissu posé sur les genoux. J'avais à peine eu le temps d'enfiler mes bottes en caoutchouc. Le pull en grosses mailles que Maman m'avait passé par le cou était tout plissé au niveau des coudes, il me gênait mais j'avais plus important à penser.

« Je n'ai pas pu attraper le vent.

— Mince, répondit Maman. C'est embêtant. »

Ma butte de terre, derrière la maison, était un laboratoire à ciel ouvert. J'y faisais plein de choses : surveiller les environs, regarder les nuages ou le ciel qui se couvrait, annoncer la pluie à Maman et Papa ou bien la voiture de Cassie ou celle du facteur, installer la rampe de lancement de ma fusée Ariane 5 ou m'élancer à vélo à toute vitesse. Parfois, j'y allais aussi pour attraper le vent dans mon moulin à vent. J'observais les ailes jaunes, bleues, vertes et rouges tourner, parfois vite, parfois lentement.

« Tu pourras attraper le vent dans la forêt, dit Maman.

— Impossible.

— Ah bon ? Pourquoi ?

— Il faut être en hauteur pour bien attraper le vent.

— Ah…

— Et les arbres de la forêt bloquent le vent. C'est pour ça qu'on a jamais vu de moulin à vent en forêt.

— C'est vrai. »

Je continuai d'agiter mon moulin à l'arrière, je me servais de mes doigts pour faire tourner l'hélice.

« On va devoir attraper autre chose alors, déclara Maman.

— Quoi ? Des fourmis ?

— Non. Je ne crois pas qu'elles aimeraient être attrapées.

— Quoi alors ? De la terre ?

— De la terre, c'est une bonne idée. »

Papa mit la radio. Maman se retourna vers moi, un drôle d'air sur le visage :

« Et des odeurs ? Qu'est-ce que tu en dis ? Attraper des odeurs ! »

Je ne pensais pas qu'on pouvait attraper des odeurs, mais Maman me prouva le contraire ce jour-là : il était possible d'attraper des odeurs… et même des sons.

Les adultes marchaient toujours trop vite en promenade. Ils fonçaient tout droit sans rien regarder. Ils ne faisaient pas d'arrêt devant les racines en forme de serpent pour s'interroger : était-ce un boa ou plutôt un anaconda ? Ils ne s'agenouillaient pas devant deux gendarmes reliés dos à dos en se demandant lequel pouvait bien être le mâle et lequel la femelle et surtout, surtout, pour essayer de deviner combien ils auraient d'enfants.

Et puis ils ne cherchaient pas à ramener à la maison la plus belle feuille d'arbre ou le caillou le plus doux. Ils marchaient comme ça, les mains dans les poches, la tête dans les soucis et de temps en temps ils se retournaient en soupirant :

« Allez, Arthur, dépêche-toi un peu. »

Papa et Maman faisaient ça d'habitude. À mon grand désarroi. Ce jour-là, en forêt, Papa fonça tout droit, comme toujours, les deux mains dans les poches, les yeux baissés au sol, sur ses chaussures. Mais Maman resta derrière avec moi et elle déclara que les racines d'arbre qu'on voyait là ressemblaient plutôt à une couleuvre. Je réfléchis quelques instants.

« Il y a des serpents sur Uranus ? »

Maman jeta un coup d'œil devant comme pour surveiller si Papa pouvait entendre. J'avais l'impression qu'il n'aimait pas trop qu'on discute tous les deux de notre petit secret.

« Non.

— Pourquoi ?

— Déjà… parce qu'il fait trop froid. Le sol est de glace. Les serpents n'ont aucune herbe pour se cacher.

— Ah…

— Ensuite, parce qu'il n'y a pas d'animaux qui font peur sur Uranus. Rien de dangereux non plus.

— Pas de volcans alors ? »

J'avais une encyclopédie sur les volcans à la maison et je savais que la lave pouvait engloutir des villages entiers.

« Pas de volcans, non. Mais il y a de jolies falaises de glaces et des banquises.

— Oh ! Il y a des gendarmes ?

— Je ne crois pas… mais il y a des escargots des glaces.

— Ça existe ça ?

— Oui, bien sûr. Leur coquille est bleue.

— Mais qu'est-ce qu'ils mangent ? Tu as dit qu'il y avait pas d'herbe…

— Oh, mais il y a mieux !

— Quoi ?

— Du persil polaire. »

Je l'observai avec deux grands yeux ronds.

« C'est du persil bleu ?

— Non, blanc. Blanc comme de la neige.

— Ça a quel goût ?

— Le goût de la glace au persil. Les escargots des glaces en raffolent ! »

J'esquissai une grimace. Je n'étais pas sûr que je me délecterais autant à leur place. Devant, Papa nous appela :

« Vous venez ? »

Maman me tendit la main et je la saisis. Nous rejoignîmes Papa qui semblait grognon.

« Et des arbres ? Il y a des arbres sur Uranus ? » j'interrogeai en laissant mon regard vagabonder sur les chênes autour de nous.

Ma main et celle de Maman, toujours serrées, se balançaient au même rythme.

« Tu lui parles encore de ta… mission ? demanda Papa.

— Oui.

— Il y a des arbres ? » répétai-je.

Papa et Maman échangèrent des mots entre leurs dents serrées.

« Maman !

— Il y a des arbres-cerfs.

— C'est quoi des arbres-cerfs ?

— Des arbres surprenants. Ils ont un tronc très mince et des branches en forme de bois de cerf. Au bout des branches pendent des grelots qui s'agitent dans le vent et produisent une jolie mélodie. Ce sont les plus beaux arbres qui existent.

— Ils n'ont pas de feuilles ?

— Si, mais seulement au printemps. Le reste du temps ils ont leurs grelots.

— Comment elles sont les feuilles ?

— En forme de gouttes de pluie, elles sont mauves. Un mauve très clair. »

J'en restai ébahi. Papa nous avait de nouveau dépassés, il avançait à grands pas pressés.

« Oh, regardez ! » s'exclama Maman plus loin.

J'étais en train de tracer des sillons dans la terre avec une branche d'arbre.

« Ce tronc ne serait pas parfait ? »

Elle nous désigna un tronc couché en bord de sentier. De la mousse avait poussé dessus.

« Je pense qu'il ferait un banc parfait pour pique-niquer. »

Papa y laissa aussitôt tomber son derrière. Maman, elle, me fixait, attendant mon avis. J'abandonnai mon bâton et rejoignis Papa. Elle avait préparé des salades de pâtes qu'elle avait mises dans de petites boîtes en plastique.

« C'est une chance, déclara-t-elle. On pourra s'en servir pour emprisonner les bruits et les odeurs. »

Cette idée m'enthousiasmait et je me mis à manger plus vite que d'habitude.

« Doucement, dit Papa. Tu vas avaler de travers. »

Il faisait un peu frais dans la forêt et quand il se mit à pleuvoir, Papa déclara qu'il était temps de faire marche arrière, mais Maman secoua la tête.

« C'est une chance au contraire. Les odeurs seront encore plus fortes avec la pluie. »

J'étais en train de terminer mon repas, je mangeais une pomme, laissant mes pieds se balancer dans le vide.

« Sens, me dit Maman. Sens comme toutes les odeurs remontent de la terre. »

Je fronçai le nez. Ça sentait comme ma butte après l'orage. Ça sentait quelque chose de lourd et d'entêtant, de chaud et de rassurant comme un parfum de Papa.

« Écoute, ajouta-t-elle, écoute ça ! On va pouvoir capturer le bruit de la pluie ! »

Cela semblait l'émerveiller. Les gouttes faisaient un joli son en tombant sur le toit des arbres, un clapotis léger, qui berçait. Trop pressé, je laissai tomber ma pomme au sol en me levant, mais personne ne me disputa.

« D'abord, il faut laver les boîtes », déclara Maman.

Je la regardai nettoyer les récipients à l'aide de l'eau de notre gourde.

« Il pleut sur Uranus ?

— Oui. Des pluies glacées.

— C'est comment ?

— Ce sont de petites gouttes argentées qui brillent très fort comme des diamants. Quand elles tombent, elles font de petits trous dans la banquise et dans chaque trou pousse un perce-neige.

— Oh ! »

Il y avait des perce-neige dans mon encyclopédie des plantes.

« Ça sent comme ça quand il pleut sur Uranus ?

— Qui sait ? Je te dirai quand j'y serai… »

Maman secouait maintenant les boîtes pour les faire sécher.

« Parfois, il neige et tous les animaux se regroupent pour observer ça. »

J'eus un sourire ébahi sur les lèvres.

« Je pourrais venir, Maman ? Je pourrais venir avec toi ? »

Une drôle d'expression passa sur son visage.

« Non, Arthur.

— Mais…

— Tu ne pourras pas venir, ni toi ni Papa.

— Pourquoi ? »

Papa s'éloigna de quelques pas, les mains dans les poches. Je ne voyais plus que son dos et l'inscription sur son blouson en jean.

« Pourquoi, Maman ?

— C'est une mission secrète, rappelle-toi. Tiens, les boîtes sont sèches. »

Elle m'en tendit une, mais je ne la saisis pas. J'étais déçu. Je n'avais jamais vu de banquise en vrai, pas plus que de pingouins ni de pluies glacées.

« Un jour, tu pourras me rejoindre, Trésor. Papa aussi. Mais pas tout de suite.

— Quand ?

— Quand tu seras grand.

— Grand comme Papa ?

— Plus grand.

— Non ! »

Papa était presque la personne la plus grande que je connaissais. Il me faudrait au moins mille ans pour le rattraper.

« Le temps passe très vite, Arthur. Tu n'as pas à t'inquiéter.

— C'est pas vrai !

— Si. Un jour, j'étais une petite fille, pas plus grande que toi, je faisais des élevages de fourmis dans des boîtes à chaussures et, le jour d'après, j'épousais ton papa. En un clignement de paupières, tu étais dans mes bras et j'étais maman.

— Je croyais qu'on ne devait pas emprisonner les fourmis ! » m'exclamai-je avec force.

Maman éclata de rire, un joli rire de petite fille, et même Papa s'esclaffa, avec un son étranglé. Il se retourna. Il avait les yeux brillants.

« C'est vrai, admit Maman. On ne doit pas emprisonner les fourmis. Personne ne me l'avait dit à l'époque. C'était une très mauvaise idée et, heureusement pour elles, mes fourmis étaient particulièrement malignes. Elles se sont toutes enfuies pendant la nuit. Bon, on les attrape ces odeurs ? » lança Maman.

Elle nous montra comment on devait procéder. Il fallait emprisonner une partie de l'air autour de nous en agitant la boîte au-dessus de nos têtes.

« C'est Papa qui fait ! exigeai-je.

— Très bien.

— C'est lui qui a les bras les plus grands. Il pourra attraper les odeurs qui sont restées bloquées dans les arbres.

— Très bien », répéta Maman.

Ainsi, Papa s'exécuta avec une étrange application, silencieux et concentré. Il passait d'arbre en arbre, le nez levé au ciel, et il agitait les bras, il happait les parfums. Perché sur le tronc d'arbre, je criai :

« N'oublie pas l'odeur des feuilles, P'pa !

— D'accord.

— Toutes les feuilles !

— Très bien.

— Et l'odeur des gouttes d'eau !

— D'accord.

— Et des nids d'oiseau ! »

À côté de moi, perchée sur le tronc elle aussi, Maman ajouta :

« Vic, fais attention de ne pas emprisonner un nuage ! »

J'ouvris de grands yeux étonnés.

« Les nuages ?

— Oui. Figure-toi qu'ils n'aiment pas ça, être emprisonnés !

— D'accord, répondit Papa. Mes bras sont très grands, mais je ferai attention. »

Pour les sons, ce fut plus facile. Maman me montra comment il fallait procéder pour les attraper : il suffisait de se tenir debout, les yeux fermés, et de tenir la boîte à plat entre nos mains.

« Comme ça ?

— Oui.

— Ça suffit ?

— Ça suffit. Les sons vont se déposer entre tes mains. »

Nous restâmes ainsi, immobiles, les yeux fermés de longues secondes jusqu'à ce que la voix de Maman résonne à côté de moi :

« Tu attrapes quoi, Arthur ?

— Bah… le bruit des gouttes !

— Très bien.

— Et toi, Maman ? Tu attrapes quoi ?

— Le chant des oiseaux.

— Quoi ? Non ! »

C'était encore plus intéressant qu'attraper la pluie. Je regrettai de ne pas y avoir pensé avant.

« C'est moi qui le fais ! Je veux les attraper aussi !

— D'accord… Dans ce cas, je te les laisse. »

Je me concentrai quelques secondes sur le pépiement lointain de quelques oiseaux dans les chênes. Je me demandais si les sons arriveraient jusqu'à mes paumes.

« Et maintenant ? Tu attrapes quoi, Maman ?

— Mmm… Le bourdonnement d'une mouche. »

J'ouvris les yeux, fis un tour sur moi-même.

« Il n'y a pas de mouche.

— Ah ?

— Je n'en vois pas.

— Alors, peut-être qu'elle est enfermée dans ma tête. Tu me laisses l'attraper ?

— D'accord.

— Merci, Trésor. »

Avant de refermer les yeux, je captai un beau sourire sur les lèvres de Maman. J'avais bien fait de lui laisser le bourdonnement…

Dans la voiture qui nous ramenait à la maison, je demandai à Maman si nous pouvions ouvrir les boîtes pour écouter et sentir la forêt. Je n'étais pas certain que nous ayons réussi à emprisonner quoi que ce soit.

« Très vite alors.

— Pourquoi ?

— Si nous ouvrons trop souvent les boîtes, les sons et les odeurs vont s'échapper.

— Ah…

— Faisons vite. »

Elle s'était assise sur la banquette arrière avec moi. Papa était seul devant. On commença par la boîte des odeurs, celle avec le couvercle rouge. Je plongeai le nez à l'intérieur, le fronçai, peu convaincu.

« Alors, Trésor ?

— Ça sent la mayonnaise.

— La mayonnaise ?

— La mayonnaise et le thon.

— Ça alors ! s'écria Maman. Qu'est-ce que tu as fichu, Vic chéri ? »

Papa nous lança un regard amusé dans le rétroviseur.

« J'ai fait comme tu m'as dit, pourtant…

— Fais-moi sentir », me dit Maman.

Je lui tendis la boîte. Elle y plongea le nez, et releva aussitôt la tête.

« Quel mauvais odorat tu as, Arthur !

— Hein ?

— Je sens parfaitement la pluie… Et les feuilles… et les brindilles des nids d'oiseau.

— C'est pas vrai ?

— Si. Je sens même la mousse. »

Je lui repris la boîte des mains, vexé. Le nez à l'intérieur, je me concentrai. Était-ce vraiment du thon que je sentais ?

« Alors ? » demanda Maman.

Papa souriait dans le rétroviseur.

« Je ne sais pas… »

Je n'étais plus certain tout à coup. Était-ce du thon ? N'était-ce pas plutôt les notes caractéristiques du humus, celles de ma butte après l'orage ?

« Tu les sens ? » interrogea Maman.

J'hésitai encore un peu, le nez dans la boîte. Mon souffle rebondissait au fond et produisait une drôle de vapeur.

« Fais vite, dit-elle. Tout va s'envoler. »

Je lui rendis le récipient, un peu hésitant.

« Papa a réussi ? demanda-t-elle.

— Je crois…

— Tu as senti les gouttes ?

— Euh… la terre. »

Elle clipsa le couvercle, satisfaite. Au moment où elle allait remettre la boîte dans son sac, elle s'exclama, me faisant sursauter :

« Ça alors ! C'est incroyable ! »

Même Papa sursauta à l'avant.

« Quoi ? Qu'est-ce qu'il y a ?

— Vic chéri ! Je t'avais pourtant dit de faire attention !

— Quoi ?

— Tu as emprisonné un nuage ! »

Ses doigts désignaient une brume blanche et cotonneuse qui s'était déposée contre la paroi intérieure de la boîte, là où se trouvait mon nez quelques secondes auparavant.

« Il faut le faire sortir ! m'exclamai-je, éberlué. Vite ! Maman ! »

Je m'agitai sur mon siège.

« Il faut le libérer !

— Je m'en occupe ! »

Maman retira le couvercle, ouvrit la vitre de sa portière et passa la boîte par l'ouverture. Tendu au maximum vers elle, pour ne rien rater, la ceinture me sciant le cou, je m'enquis :

« Alors ? Alors, Maman ? Il s'est enfui ?

— Oui. Ça y est. »

Elle reposa la boîte sur ses genoux, scella le couvercle.

« Il ne faudrait pas que le reste des odeurs s'envole. »

La brume blanche avait disparu.

Le visage collé contre la vitre, je tentai d'apercevoir le petit nuage que nous venions de libérer, mais j'eus beau me concentrer, je ne vis rien d'autre que les voitures qui filaient sur la route.

Ce soir-là, nous entreposâmes les trois boîtes dans un placard du salon avec de petites étiquettes que Maman colla. Il était écrit : *Odeurs de la forêt* sur la rouge, *Bruits de la pluie et des oiseaux* sur la bleue et *Bourdonnement de mouche* sur la verte.

Au fil des mois qui suivirent, il m'arriva régulièrement d'ouvrir le placard et de venir coller mon oreille contre les boîtes bleue et verte. Je ne fus jamais tout à fait certain que le bourdonnement perçu n'était pas celui des voitures de la rue et le pépiement celui des moineaux de notre jardin. Ce qui resta intact, en revanche, c'est le souvenir de cette journée merveilleuse en forêt et la confidence que Maman me fit le soir, en me bordant : les nuages sur Uranus étaient d'une belle couleur vert d'eau et se déposaient parfois au sol pour s'abreuver. C'était un spectacle rare qu'il ne fallait surtout pas rater.

4

Le jour où Papi a failli décolorer un dimanche

Très peu de temps après cette balade en forêt, Mamie et Cassie vinrent déjeuner à la maison. Quand je dis Mamie, il s'agit en réalité de Papi et Mamie mais c'est plus court de dire Mamie. Et puis Papi ne parlait pas beaucoup…

Papi, c'était un monsieur maigre, tout petit qui portait toujours des pulls très chauds comme s'il avait froid en permanence. Papi réparait mon vélo quand Papa n'avait pas le temps, m'aidait à reconstituer les puzzles avec beaucoup de pièces et inspectait toujours le mécanisme de mes jouets comme s'il cherchait quelque chose à réparer à tout prix. Mamie, c'était une dame un peu grosse mais très jolie. Elle portait toujours des habits bariolés : rouge, jaune, vert, bleu. Elle était un peu comme mon moulin à vent mais en forme de Mamie. Ses yeux étaient bleus et elle les déguisait en vert ou en violet. Mamie parlait beaucoup même quand personne ne lui demandait de réponses et cela faisait soupirer Maman.

Ce jour-là, Papi et Mamie arrivèrent alors que j'étais sur ma butte. Je la dévalai à toute vitesse sans prendre le temps d'annoncer le décompte habituel : cinq quatre trois deux un zéro. Être accueilli par Papi et Mamie, c'était toujours comme gagner une course ou fêter son anniversaire : on était soulevé dans les bras, acclamé et on avait droit aux compliments :

« Tu es encore plus beau que la semaine dernière, mon petit moineau ! »

Mais ce jour-là, je compris que tout avait été détraqué par la mission spéciale de Maman… Même Papi et Mamie. Mamie me prit dans ses bras et embrassa mes cheveux, mais il n'y eut pas d'exclamation de joie ni de compliments. Les yeux de Mamie ne s'étaient pas déguisés. Quant à Papi, il semblait porter un pull encore plus chaud et triste que d'ordinaire. Il était gris et en laine. Je n'aimais pas les vêtements en laine. Ils grattaient. Je n'aimais pas le gris, ce n'était pas une vraie couleur. Pas comme le bleu.

« Tu jouais dehors ? demanda Mamie sans couleurs. Tu vas prendre froid.

— Non. »

Les adultes avaient toujours froid, mais c'était parce qu'ils ne bougeaient jamais.

« Il y a un ver de terre sur ma butte, tu veux voir ?

— On ira voir plus tard, mon moineau. Tu viens ? »

Mamie me prit par la main. Elle n'avait pas amené de bouquet de fleurs et Papi n'avait pas amené de bouteille de vin. Ce dimanche-là, les adultes restèrent une éternité dans la cuisine, à parler entre leurs dents serrées avec des têtes bizarres. C'était comme si le pull de Papi avait déteint sur tout le monde. De temps en temps, Maman et Papa me jetaient un coup d'œil et me disaient :

« Va jouer, Arthur ! On ne mange pas tout de suite. »

Mais tout ce que je voulais, c'était montrer mon ver de terre à Mamie, le piquer avec le bout de mon bâton et le regarder gigoter. Au lieu de ça, je tournai autour de la table du salon, enjambant les chaises, tirant sur la nappe et les adultes continuèrent de parler dans la pièce d'à côté. Il me sembla entendre mon prénom et j'attrapai une phrase au vol :

« Comment il réagit ? Tu comptes l'emmener voir un psy ? »

C'était Mamie.

« Qu'est-ce que c'est un spi ? » demandai-je.

Je me plantai à la porte de la cuisine. Maman lança un regard agacé à Mamie et se tourna vers moi avec un sourire qui ressemblait à une grimace.

« Rien, Trésor.

— On mange quand ?

— Bientôt.

— J'ai faim !

— Tante Cassie n'est pas encore arrivée. »

D'habitude, en attendant tante Cassie, on s'asseyait tous autour de la table et il y avait toujours des chips à grignoter. C'est ce que je voulus répliquer, mais ils reprirent leur conversation comme si je n'étais plus là. Les lèvres de Mamie étaient toutes pincées. Elle reprit, si bas que j'eus du mal à saisir :

« Comment ça, enjoliver la réalité ? Je ne comprends pas… »

Papi et Papa s'éloignèrent. Ils se postèrent devant une fenêtre et se mirent à commenter le temps dehors comme s'ils essayaient de disparaître. Je tentai ma chance auprès d'eux.

« Papa, j'ai faim.

— Tiens, voilà du pain. Va surveiller si tante Cassie arrive. »

Je saisis le morceau de pain, mais je ne rejoignis pas ma butte. Je m'attardai un peu dans le salon. Il se passait quelque chose de bizarre ce dimanche midi et j'avais l'impression que, si je m'éloignais trop longtemps des adultes, le pull de Papi allait déteindre sur la maison tout entière.

« Enrober les choses ? » dit Mamie qui avait l'air d'avaler un truc acide.

Maman répondit quelque chose tout bas, et Mamie lança comme dans un coassement :

« Une jolie histoire ? C'est-à-dire ? »

Je fis tomber une chaise en voulant l'enjamber, mais personne ne l'entendit.

« Tu es sûre que…

— Que quoi ?

— Que c'est une bonne idée ?

— Il ne va pas tarder à pleuvoir, déclara Papi d'une voix forte, près de la fenêtre.

— Il n'y a pas de bonne ou de mauvaise idée. C'est ma façon de lui présenter les choses, c'est tout.

— Bien sûr, ma chérie, je disais juste…

— Ah ça… ils se trompent rarement à la météo ! reprit Papa tout aussi fort.

— Que tu devrais prendre conseil auprès d'un psychologue. Il y a des façons de… présenter ça avec pédagogie…

— Pédagogie, vraiment ?

— Des mots à privilégier… des concepts compréhensibles pour les enfants…

— Je n'ai pas besoin d'un psychologue pour savoir comment éduquer mon fils, maman. »

C'était toujours drôle d'entendre Maman appeler Mamie « maman », mais ce dimanche ça n'était pas drôle car Maman semblait en colère et Papa, quand il intervint, avait la voix d'un vieux monsieur enroué.

« Allez, Anne-Marie, ce n'est pas le sujet du jour. »

Un instant de silence. J'entendis un reniflement et je me figeai, entre deux chaises. Est-ce que Maman pleurait ? Une onde glaciale parcourut mon corps.

« Désolée, murmura Mamie avec des cailloux dans la voix. C'est que… tout est si nouveau et si… comment on pourrait accepter, hein ? »

Un nouveau reniflement. Je me dirigeai avec lenteur vers la cuisine. J'avais une odeur d'épinard dans la bouche et le cœur qui s'agitait à toute vitesse dans ma poitrine. Les adultes n'étaient pas censés pleurer. Dans un monde non détraqué, les adultes ne pleuraient pas. Près de l'évier, Mamie sans couleurs reniflait et Maman lui frottait le dos, une main plaquée devant la bouche, et Papi continuait de regarder par la fenêtre. Seul Papa me vit. Il ouvrit la bouche, mais Mamie parla avant lui :

« Je ne peux pas accepter qu'on ait étudié toutes les options. Qu'il n'y ait plus rien à faire. Je ne peux pas me résoudre à l'idée que tu doives partir.

— Arthur ! » s'exclama Papa d'une voix bien forte.

Alors, tous les adultes se tournèrent vers moi : Mamie et ses larmes, Maman et son hoquet derrière sa main, Papa tout pâle et Papi avec son satané pull gris.

« Qu'est-ce que tu fais là, fiston ? demanda Papa. Tu ne devais pas surveiller tante Cassie ? »

Mes yeux interrogateurs passèrent d'un visage à l'autre. Maman avait retiré sa main de sa bouche et me souriait avec cette affreuse grimace, toujours. Mamie essuyait ses yeux, très vite, comme si elle ne voulait pas que je voie ses larmes. Papi fixait les placards. Il devait réfléchir à ce qu'il pouvait réparer dans la cuisine.

« Maman ?

— Oui, Trésor.

— Mamie ne veut pas que tu partes dans l'espace ? »

Je faillis répéter ma question, car personne ne me répondait. Ils semblaient tous s'être transformés en statues.

« Dans l'espace ? demanda finalement Mamie, comme si elle se réveillait d'une longue nuit.

— Sur Uranus, précisai-je.

— Oh ! fit Mamie.

— C'est un secret, mais Maman a dit que toi et Cassie et moi on serait au courant. Et Papa, bien sûr. Et Papi aussi.

— Oh », répéta Mamie.

Elle ne s'exprimait plus qu'avec des « oh ». Elle qui ne s'arrêtait jamais de parler d'habitude…

« C'est vrai, Arthur, intervint Maman. Mamie n'a pas vraiment envie que j'aille sur Uranus.

— Pourquoi ?

— Parce qu'elle ne sait pas encore à quel point c'est formidable. Elle croit qu'il y fait froid et nuit tout le temps. Elle croit que je vais me sentir seule et triste. Toi tu sais que c'est faux.

— Il ne fait pas nuit, Mamie, il y a vingt-sept lunes ! Et des arbres-cerfs ! Et des nuages qui viennent se poser sur la banquise pour boire.

— Ah… ?

— Tante Cassie est là ! » lança soudain Papi en levant l'index.

Papa posa une main sur mon épaule, me poussa vers le salon.

« Je crois que j'entends le chien de Cassie, Arthur. »

Effectivement, il me sembla entendre Décibel japper. Décibel ne faisait pas vraiment attention aux choses. Il lui arrivait de renverser les pots de fleurs, de marcher dans les massifs, alors j'étais assez inquiet de le savoir dehors, près de ma butte, avec mon ver de terre si fragile. Il risquait de n'en faire qu'une bouchée.

« Arthuro ! Voilà mon Arthuro d'amour ! »

Je fus heureux de voir tante Cassie. Elle avait accroché à ses lèvres son sourire. Ses cheveux formaient un palmier au sommet de son crâne. Je sautai tout droit dans ses bras tendus.

« Viens là, mon Arthuro d'amour ! »

Elle me souleva en l'air, tandis que Décibel courait autour de nous en jappant. J'eus enfin l'impression que les choses étaient redevenues comme avant.

« Où tu cours, Arthuro ? »

Elle m'avait à peine reposé au sol que je volais vers ma butte, Décibel sur les talons.

« Viens ! lançai-je. Viens voir mon ver de terre ! »

Tout là-haut, au sommet de la butte, se trouvait mon bâton de berger. Je n'étais pas un berger, mais j'avais un grand bâton qui me servait à plein de choses : marcher, tracer des ronds dans le gravier, donner des coups dans les branches et piquer les vers de terre. Je m'en saisis et m'accroupis là où se trouvait mon ver quelques instants plus tôt.

« Qu'est-ce que tu as là ? »

Mais le ver avait disparu. Je donnai des coups de pied dans la terre, rageusement, jetai mon bâton loin, le plus loin possible.

« Qu'est-ce qui se passe, Arthuro ? »

Je ne savais plus vraiment. Le goût des épinards n'avait pas totalement disparu de ma bouche. Je revoyais les larmes sur les joues de Mamie et j'entendais les chuchotements des adultes dans la cuisine. Et puis je sentais encore la drôle de lourdeur dans l'air, comme si l'orage allait tomber mais ne tombait pas… Je n'avais pas les mots pour l'exprimer. Je me sentais étrange, pas tout à fait en colère, pas tout à fait triste, pas tout à fait anxieux, non. Un mélange de tout cela.

« Qu'est-ce qui se passe ? » demanda encore tante Cassie. Elle se tenait accroupie devant moi, avec son joli visage rempli de taches de soleil. Alors, je tentai de lui expliquer mon malaise avec mes mots d'enfant :

« Le ver a disparu.

— Il a dû rejoindre sa famille.

— Et Mamie n'a pas amené de fleurs.

— Zut ! Tu veux qu'on aille en cueillir tous les deux ? »

Elle me désigna le jardin où subsistaient quelques pissenlits, mais ça n'était pas vraiment cela le problème. Je secouai la tête.

« Maman a le hoquet et Mamie pleure et Papa a une voix de vieux monsieur et Papi…

— Quoi, Papi ?

— Papi a tout gâché.

— Qu'est-ce qu'il a fait ? »

Je fixai les yeux noisette de tante Cassie, les mêmes que ceux de Maman. Des yeux fauves avec des paillettes dorées, comme des éclats d'étoile. Je déclarai avec sérieux :

« Il a décoloré toute la maison avec son pull gris. Même le ciel, regarde. »

Je lui désignai les épais nuages anthracite qui s'amoncelaient au-dessus de nos têtes.

« Tu crois que c'est la faute du pull de Papi ? »

Je haussai les épaules. Je ne savais plus vraiment. Mais je ne voyais pas d'autre explication. J'avais vaguement conscience que la mission spéciale de Maman avait déréglé notre quotidien, mais je ne voyais pas en quoi elle pouvait attrister Mamie ni qui que ce soit. Moi, elle m'émerveillait.

« Bon, tu sais quoi… Ce n'est pas compliqué, déclara Cassie. Il suffit de redonner des couleurs à cette journée.

— Comment ?

— Avec tes feutres, pardi ! »

Mes yeux ronds ne lâchaient plus tante Cassie.

« On va colorier le pull de Papi ?

— Mmm, je ne crois pas qu'il serait d'accord.

— Comment on va faire ?

— On va le transformer en Arlequin.

— En quoi ?

— On va le recouvrir de dessins de toutes les couleurs. Qu'est-ce que tu en penses ? »

Elle pinça mes joues. Un sourire commençait à se former sur mon visage.

« Partant, Arthuro ?

— Partant ! »

Elle se releva et me tendit la main. Sa paume était toute chaude.

« Après ça, Mamie arrêtera de pleurer ?

— Oui. Après ça, la malédiction du pull gris sera levée. »

C'était ça, le pouvoir de tante Cassie et de Maman : transformer les dimanches gris en arcs-en-ciel.

Ce dimanche-là, Maman nous autorisa à manger dans la chambre.

« Exceptionnellement », précisa-t-elle.

Elle nous amena, à tante Cassie et moi, un grand plateau avec nos assiettes remplies de gratin, et des verres de limonade. Elle le posa sur la moquette, au milieu des découpages et des feutres. Puis elle demanda :

« Ça avance, ce projet secret ? »

J'étais couché sur le ventre, les pieds pointant le plafond, et je m'appliquais à recouvrir de bleu un ballon que m'avait dessiné tante Cassie. Tante Cassie était assise à mon bureau miniature et elle réalisait les esquisses que je demandais : un tournesol, une planète Uranus, un dauphin, un palmier, un perroquet. Elle me les lançait ensuite et les feuilles planaient un temps avant de se poser sur le sol.

« Quoi d'autre, Arthur ? Une voiture ? Qu'est-ce que tu dis d'une voiture ?

— Un camion de pompier.

— Bon, va pour le camion de pompier. Un peu de rouge pour le pull de Papi. »

Tante Cassie, c'était un peu Maman mais en version tante. Maman était plus grande en âge mais plus petite en taille, il paraît que ça pouvait arriver. Cassie et elle avaient le même visage avec des éclaboussures de soleil et les mêmes cheveux caramel. Mamie disait qu'elles avaient le même caractère. Tante Cassie ne portait pas de bague au doigt mais des bracelets multicolores autour des poignets. Elle n'avait pas de sac à main mais un drôle de sac avec une grande bandoulière. Elle n'avait pas de mari, mais elle avait Décibel. Elle vivait dans un appartement miniature – Maman disait que ça s'appelait un studio – et elle avait un jardin miniature entouré de barrières où Décibel pouvait marcher mais pas courir. Tante Cassie était encore à l'école. Plus tard, elle serait tatoueuse. C'était un peu le même métier que Maman avant, sauf qu'au lieu de dessiner dans des livres, tante Cassie allait dessiner sur la peau des gens ! Si j'avais dû choisir un jour une maman pour les vacances ou pour le cas où Maman partirait en voyage longtemps – dans l'espace par exemple –, j'aurais choisi tante Cassie.

C'est ce que je lui révélai ce dimanche-là, tandis que je barbouillais mon ballon bleu.

« Une maman ça ne se remplace pas », décréta tante Cassie.

Maman était toujours là, dans la chambre, près de la porte, son plateau vide entre les mains.

« Quand le maître est pas là, il y a un remplaçant.

— Ce n'est pas pareil pour une maman. »

Je me tournai vers Maman pour lui demander son avis, mais elle me devança :

« Moi, je trouve que c'est une bonne idée. Prévoir une maman de remplacement. On n'est jamais trop prudent ! »

Cassie cessa de dessiner. Il y eut un long silence, si long que je finis par lever la tête de mon coloriage. Maman s'était approchée du petit bureau où se trouvait tante Cassie. Elle fixait son dos.

« Je vais être absente un long moment avec ce voyage dans l'espace. Il faudra que quelqu'un veille sur Arthur, en plus de Papa bien sûr. »

Cassie laissa tomber son feutre par terre, mais ni Maman ni elle ne le ramassa.

« Un voyage dans l'espace ? lâcha tante Cassie.

— Oui. »

Je me remis à colorier mon ballon. Une touche de jaune avec tout ce bleu. J'attrapai le feutre, le débouchai.

« Maman part sur Uranus, appris-je à tante Cassie.

— Sur Uranus, répéta tante Cassie d'une drôle de voix, comme si elle ne me croyait pas.

— Oui », confirma Maman.

J'appliquai le jaune sur les rayures du ballon. Le silence qui s'installa m'incita de nouveau à lever les yeux. Maman était toujours debout avec son plateau entre les mains et tante Cassie n'avait pas recommencé à dessiner. Surprenant mon regard posé sur elles, Maman se racla la gorge comme si elle avait un truc coincé et tante Cassie fit soudain volte-face, me dévoilant son visage. Elle souriait en montrant ses dents.

« Quelle incroyable histoire ! Tu pars sur Uranus ?

— Oui, confirma Maman.

— C'est une mission secrète, l'informai-je.

— Tu m'étonnes ! s'exclama Cassie. Qu'est-ce que tu vas faire sur Uranus ? Tu... Tu vas tenter de découvrir s'il y a de l'eau ou... ou des formes de vie ?

— Il y a de l'eau et des animaux sur Uranus, déclarai-je.

— Vraiment ? Je l'ignorais...

— C'est dans l'encyclopédie que Maman m'a lue. Tu veux voir ?

— Non. Je te crois à cent pour cent, Arthuro !

— Il y a la banquise et des pingouins et des escargots des glaces...

— Ça alors ! »

Tante Cassie s'agita sur le petit siège de mon bureau.

« Qu'est-ce que tu vas faire là-bas alors ? demanda-t-elle à Maman. Attends, laisse-moi deviner ! Tu vas soigner les animaux d'Uranus ? »

Je me levai, abandonnant mes feutres pour me rapprocher d'elles. Je tapotai le genou de tante Cassie pour qu'elle me fasse de la place et je m'y nichai.

« Maman n'est pas docteur des animaux ! ripostai-je.

— Oui, tu as raison. Je suis bête. »

Elle laissa échapper un rire et Maman sourit avec indulgence. Je ne les lâchai pas des yeux, mon regard allant de l'une à l'autre.

« Du secrétariat alors… ? demanda Cassie. Le… Le président d'Uranus a besoin d'une secrétaire ? Il y a un président sur Uranus ? »

Elle me consulta du regard. Je fronçai les sourcils, j'étais convaincu que non.

« Un roi ? » poursuivit-elle.

L'idée me paraissait plus probable, mais Maman secoua la tête.

« Personne ne gouverne sur Uranus. Toutes les créatures sont libres et vivent comme elles l'entendent.

— Ça alors ! s'exclama tante Cassie. Ça doit être sacrément chouette de vivre là-bas. »

Je confirmai d'un hochement de tête.

« Personne ne dirige, poursuivit Maman. Mais il y a un Gardien des Merveilles.

— Qui est-ce ?

— Un vieux monsieur qui veille sur tous les trésors d'Uranus.

— Quels trésors ?

— Les animaux, la banquise, les pluies glacées, les arbres-cerfs et bien d'autres choses que je ne t'ai pas encore révélées, Arthur ! Il y a tellement de trésors incroyables là-bas ! »

Bouche entrouverte, je buvais ses paroles.

« Ce vieux monsieur ne garde pas seulement les trésors d'Uranus. Il crée le ciel.

— Quoi ?

— Le ciel et tout ce qui s'y trouve. »

Je me trémoussai sur les genoux de tante Cassie pour m'asseoir au plus près du bord, au plus près de Maman et ne rien louper de ses révélations.

« Tu vois le ciel, Arthur ? Il est bleu clair quand il fait beau, bleu-gris quand il pleut, bleu-noir la nuit. À l'aube il se barbouille de rose ou d'orange, parfois de rouge. »

J'acquiesçai.

« C'est lui qui le peint chaque jour. Avec le Grand Pinceau de l'Univers. Quand il se lasse, il l'efface avec la Grande Gomme de l'Univers et il en crée un nouveau. »

J'étais incapable de parler, émerveillé.

« Et les nuages, poursuivit Maman. C'est lui aussi. Chaque jour, chaque heure, chaque minute, il en dessine de nouveaux, il les fait avec des formes différentes pour que les gens qui les observent ne s'ennuient jamais. »

Je sautai des genoux de tante Cassie. Je vins me coller à Maman, tout contre son ventre. Elle passa une main dans mes cheveux et je fermai les yeux.

« Il crée les étoiles aussi, bien sûr. Les étoiles filantes sont particulièrement difficiles à dessiner. Elles bougent tout le temps, alors il faut réussir à terminer leurs branches avant qu'elles ne filent entre nos doigts ! »

Le nez dans le pull de Maman, je retrouvai l'usage de la parole :

« Et le soleil ?

— C'est lui aussi, pardi ! Même que, parfois, il s'amuse à le cacher. L'as-tu déjà remarqué ? »

Je confirmai, un sourire béat sur les lèvres.

« Pourquoi il le cache ?

— Le Gardien des Merveilles est un farceur. Et il a bien raison ! Qu'y aurait-il de plus barbant qu'un ciel identique chaque jour ? »

Tante Cassie demanda dans mon dos :

« Et les arcs-en-ciel ?

— Alors, là ! C'est ce qu'il préfère créer ! Mais c'est si difficile à réaliser qu'il lui faut plusieurs semaines pour en venir à bout ! Alors, évidemment, nous les Terriens, on se plaint. On aimerait voir des arcs-en-ciel plus souvent, pas vrai ?

— Carrément ! approuva Cassie.

— Mais il fait ce qu'il peut, ce pauvre vieux. Il a les mains pleines d'arthrose, il ne manie plus si bien ses pinceaux. »

Cassie laissa échapper un petit rire et moi aussi. Je trouvais tout cela merveilleux.

« Et les oiseaux, Maman ? demandai-je en me décollant de son pull. C'est lui ?

— Bien sûr, Trésor. C'est lui. Chaque oiseau et chaque insecte de l'Univers. Tout ce qui vole et vit dans le ciel vient du Gardien des Merveilles.

— Et les coccinelles ?

— Les coccinelles aussi.

— Et les papillons ?

— Eux aussi. C'est pour ça qu'ils sont si beaux, si pleins de couleurs. »

Je n'en revenais pas d'avoir vécu tout ce temps sans le savoir.

« Malheureusement, comme je le disais, le Gardien des Merveilles se fait vieux. Il travaille sur Uranus depuis mille cinq cents ans. »

Je hoquetai de surprise. Mes yeux n'en finissaient plus de s'écarquiller.

« Oui, le temps passe différemment là-bas, expliqua Maman. Quoi qu'il en soit, il est temps pour lui de prendre sa retraite et devine quoi…

— Oh ! fit tante Cassie dans mon dos. Je crois que j'ai deviné. »

Je me tournai vers elle. Elle fixait Maman en souriant.

« C'est toi qui vas prendre sa suite, c'est ça ? »

Maman hocha la tête très lentement, avec fierté. Elle baissa la voix :

« Pour prendre sa suite, il fallait quelqu'un qui sache dessiner. Très bien dessiner même. Et manier les couleurs avec habileté.

— Mais bien sûr ! s'exclama Cassie.

— Tiens-toi bien ! Il se trouve que le Gardien des Merveilles aime beaucoup lire pendant son temps libre. Un convoi spécial est parti de la Terre il y a un mois, pour ravitailler le Gardien en peintures et pinceaux. Dans le convoi spatial, le pilote avait laissé sur le tableau de commandes un exemplaire de *Zazou le Lézard qui ne voulait pas lézarder*. Le Gardien des Merveilles a aperçu le livre. Comme il n'avait plus rien à lire, il a proposé au pilote d'échanger son livre contre une douzaine d'escargots des glaces. Le pilote était un sacré gourmand ! Il raffolait des escargots de Bourgogne, mais il préférait de loin les escargots des glaces accompagnés d'un beurre au persil polaire. Alors, ni une ni deux, il lui a laissé son exemplaire de *Zazou le Lézard qui ne voulait pas lézarder*. Apparemment, le Gardien des Merveilles l'a lu le jour même. Il était tellement absorbé dans sa lecture qu'il en a même oublié de faire tomber la nuit. Le ciel est resté bleu clair jusqu'à minuit !

— Non ! s'exclama Cassie.

— Si bien que notre président nous a fait changer d'heure ! Tu te souviens, Arthur ? »

J'acquiesçai, éberlué, me rappelant vaguement qu'un soir Papa m'avait fait reculer les aiguilles de la pendule d'un chiffre. C'était donc ça…

« Bref, le Gardien des Merveilles est tombé sous le charme de mes dessins. Il a demandé à me rencontrer…

— Il est venu sur Terre ? demandai-je, ébahi.

— Oui. Tu te souviens tous ces jours où je n'ai pas pu venir te chercher à l'école parce que j'avais des rendez-vous ?

— Oui…

— Le Gardien des Merveilles me faisait passer des tests.

— Des tests ?

— J'ai dû dessiner des étoiles, des nuages, des couchers de soleil jusqu'à en avoir mal au crâne ! »

À mon bureau, tante Cassie écoutait, le menton posé dans le creux de sa main, de petites rides au coin des yeux. Elle semblait aussi absorbée que moi par le récit de Maman.

« Tu as réussi le test ? interrogea-t-elle.

— Oui. Le Gardien des Merveilles a décidé que je serai son digne successeur. »

Je tentai de prendre la mesure de tout ce que Maman venait de nous révéler. Elle allait veiller sur les pingouins d'Uranus et dessiner les étoiles. Elle créerait des nuages et ramasserait les perce-neige laissés par les pluies glacées. Avec des mots de grande personne, tante Cassie exprima finalement mes pensées :

« On peut dire que c'est une opportunité en or ! On ne la rencontre qu'une fois dans sa vie.

— C'est vrai.

— Recevoir le Grand Pinceau de l'Univers…

— À qui le dis-tu ! »

Je fourrai mon pouce dans ma bouche, le nez de nouveau dans le pull de Maman. Elle caressait ma nuque et moi j'essayai d'imaginer ce que Maman pourrait nous dessiner de merveilleux.

« Des papillons jaunes ?

— Pardon, Trésor ?

— Tu pourras nous dessiner des papillons jaunes ?

— Bien sûr !

— Et des pluies d'étoiles filantes ?

— Je verrai ce que je peux faire…

— J'espère que tu nous créeras quelques beaux arcs-en-ciel, déclara tante Cassie.

— Je tâcherai d'en dessiner aussi souvent que je le pourrai.

— Des pigeons bleus ? m'écriai-je. Je voudrais des pigeons bleus !

— Pourquoi pas… Je ferai mon possible… En fonction des tubes de peinture dont je disposerai dans mon atelier, bien sûr… »

Elles échangeaient des sourires et moi je suçais mon pouce avec avidité, les yeux pleins d'étoiles.

Ce dimanche-là, on oublia de recouvrir le pull de Papi de dessins multicolores, mais ce n'était pas nécessaire. Les esquisses de tante Cassie et mes coups de feutre avaient fait leur œuvre et rempli ma chambre et ma tête de mille couleurs.

À moins que ce soit le récit de Maman…

Comme je le disais, tante Cassie et elle avaient le pouvoir de transformer n'importe quel jour de grisaille en arc-en-ciel.

5

Le jour où Maman et moi avons libéré les barques

Peu de temps après, Maman prépara une valise pour nous deux et m'annonça qu'on allait passer quelque temps à la cabane sur pilotis. La cabane sur pilotis c'était l'endroit le plus beau qui existe sur cette Terre, plus beau encore que l'Italie. C'était un peu comme ma butte : quand on était dans la cabane sur pilotis, on pouvait voir tout autour et on était protégé du reste du monde.

C'était une cabane que Maman avait achetée quand elle était encore dessinatrice, et qu'elle avait signé son contrat pour *Zazou le Lézard qui ne voulait pas lézarder*. Elle racontait que son patron (celui d'avant, pas celui qui lui faisait taper son courrier à sa place) lui avait donné un gros chèque et elle avait décidé de s'offrir « un coin de paradis ». Le paradis pour Maman, c'était le lac de Paon. Au départ, je croyais que le lac portait ce nom car un paon y vivait, mais Maman m'a expliqué que non. Elle avait surnommé le lac ainsi, car son bleu était si unique, si profond, qu'il lui évoquait celui des plumes de paon.

C'était un grand lac parfaitement lisse, comme un tableau. Autour du lac, il y avait de hauts sapins et des pierres blanches. De l'herbe aussi. Dans le lac, il y avait deux barques qui étaient toujours là, même si on n'avait jamais vu personne monter dedans. Maman disait qu'on n'avait pas le droit de s'en servir, qu'elles appartenaient forcément à quelqu'un, même si on n'avait jamais vu ce quelqu'un. C'étaient deux barques vertes, d'un drôle de vert foncé comme celui de la peau des avocats. Elles restaient toujours immobiles sur le lac.

Maman et Papa allaient très souvent à la cabane sur pilotis quand ils étaient jeunes, avant que je ne sois dans le ventre de Maman. Maman restait ici de longues semaines, elle s'installait sur la terrasse qui surplombait le lac et elle dessinait. Il paraît qu'elle avait plein d'idées quand elle était assise ici, qu'elle se sentait heureuse comme seuls les rossignols peuvent l'être.

« Pourquoi les rossignols ? avais-je demandé un jour.

— Parce qu'avec le merle noir, ils sont les seuls oiseaux à continuer de chanter la nuit. Ça veut forcément dire qu'ils sont heureux. »

Maman travaillait donc ici, perchée comme un rossignol sur la terrasse, et Papa la rejoignait tous les week-ends. Il débarquait à peine le travail terminé, avec un caleçon de rechange et une brosse à dents glissés dans la poche arrière de son jean et c'est tout. Il paraît que c'est ici qu'ils m'ont fabriqué, un week-end de juin. Les iris des marais étaient en fleurs. Le jaune avait envahi les herbes. C'était beau.

« C'était un signe, avait déclaré Maman. Je l'avais deviné que tu te nicherais dans mon ventre ce jour-là. »

Après ma naissance, Maman avait trouvé son travail de secrétaire et ils n'avaient plus eu assez de temps pour venir à la cabane sur pilotis. Plus tous les week-ends comme avant. Nous y avions passé quelques vacances d'été, quelques séjours au printemps aussi. C'était plus compliqué avec moi, disait Maman. Il n'y avait pas de machine à laver dans la cabane, pas de chambre pour moi, pas de lit à barreaux, pas beaucoup d'eau chaude.

Ce jour-là, le premier jour des vacances de Pâques, Maman boucla notre valise et m'annonça que nous allions à la cabane sur pilotis pour profiter du printemps qui arrivait.

« Et Papa ? demandai-je.

— Papa nous rejoindra le week-end. »

Papa devait travailler. Il n'avait pas de vacances. Maman, je ne savais pas trop, mais elle n'avait pas remis les pieds au travail depuis qu'on lui avait confié cette mission dans l'espace. En revanche, elle dessinait beaucoup. Je crois que c'était ça son travail maintenant : dessiner encore et encore pour pouvoir prendre la suite du Gardien des Merveilles.

Bien sûr, je ne pouvais pas prendre beaucoup de jouets.

« Tu auras de quoi t'occuper là-bas. Ne t'en fais pas. Tu n'auras pas besoin de ton circuit de voitures ou de ta cage de foot. »

Papa réussit à accrocher mon tricycle sur le toit ; Maman m'installa une couverture à l'arrière pour que je puisse dormir pendant le trajet et elle mit un CD dans l'autoradio de la voiture.

Sur le trajet, je dormis deux fois. Une fois où je rêvais de Décibel et une autre fois où je me réveillai sans aucun souvenir. Quand j'ouvris les yeux la deuxième fois, Maman écoutait une musique avec du violon, une musique qui donnait l'impression d'avoir un trou dans le ventre, et elle pleurait.

« Tu es triste, Maman ? »

Elle me regarda dans le rétroviseur. Ses yeux brillaient comme s'ils étaient éblouis par le soleil.

« Non, Trésor. Je pleure parce que c'est une belle musique.

— Ah. Mais pourtant… On ne pleure pas parce que quelque chose est beau. On pleure parce qu'on est triste.

— Pas toujours. Par exemple, quand j'ai appris que tu étais dans mon ventre, j'ai pleuré. Parce que j'étais heureuse.

— Ah… »

J'étais sceptique. Maman essuya ses larmes, coupa la musique. J'eus l'impression de respirer un peu mieux. Le violon, ça faisait un drôle d'effet.

« Papa a pleuré quand il t'a vu pour la première fois à la maternité.

— Non, c'est pas vrai. Papa ne pleure jamais.

— Quand il t'a vu, il a pleuré. Il a dit qu'il ne pourrait plus jamais dormir sereinement maintenant. Il se devait de veiller sur toi chaque seconde de son existence, nuit et jour. Mais il a dit qu'il ne rirait plus jamais comme avant non plus. Maintenant, dans son rire, il y aurait le tien.

— Ça veut dire quoi ?

— Ça veut dire que Papa a retrouvé son âme d'enfant en te rencontrant.

— J'ai faim. »

Maman sourit, tendit son bras à l'arrière jusqu'à rencontrer mon visage. Elle me donna une caresse sur la joue.

« On arrive bientôt, Trésor. »

Avant d'arriver à la cabane sur pilotis, il y eut des indices sur la route : beaucoup de cailloux, beaucoup de trous et de grands sapins qui empêchaient le soleil de passer. Maman expliqua que c'étaient toujours les signes qui indiquaient que l'on approchait du paradis : beaucoup de plantes et peu de bitume. Elle m'expliquait encore ce qu'était le bitume quand la voiture s'arrêta dans les hautes herbes. En face de nous se tenait le lac, immense, beaucoup plus grand que dans mon souvenir. Il était immobile, lisse, une surface de verre poli. Les barques s'y reposaient. Rien n'avait changé. Les fleurs jaunes étaient là aussi, comme le jour où Papa et Maman m'avaient fabriqué. Se découpant au milieu des pins, la cabane. Elle me paraissait minuscule, beaucoup plus petite que dans mon souvenir. C'était une cabane en bois montée sur quatre pieds qui plongeaient dans l'eau. Elle comportait deux petites fenêtres et une porte. Sur la terrasse, il y avait une simple ampoule et un pot de fleurs vide.

« Tu m'aides à porter nos affaires ? » demanda Maman.

Au bord du lac, beaucoup plus loin, se trouvaient d'autres cabanons dont les volets étaient fermés.

« Qui habite là ? demandai-je.

— Je ne sais pas. Des gens. »

Maman me demanda de pousser mon tricycle jusqu'à la cabane. Il fallait passer un petit ponton pour accéder à notre terrasse puis à notre porte. Sur le plancher de notre terrasse, il y avait des bouteilles de verre et des sachets de chips abandonnés.

« Qui a mangé ici ? "Des-gens" a mangé ici ? »

Maman sourit et passa une main dans mes cheveux. Puis, tout en cherchant la bonne clé du trousseau, elle m'expliqua que « des-gens », toujours le même avait sans doute fait une petite fête ici, pensant probablement que la cabane était abandonnée. Moi je m'interrogeais de plus en plus perplexe : « des-gens » était-il un animal, un humain, un enfant, un parent ? C'était un prénom bien étrange…

La cabane sentait la même odeur que le placard de ma chambre, à la maison. Une odeur de bois, de poussière et de secrets. Il faisait très frais à l'intérieur et très noir. Mais Maman ouvrit les volets et je découvris deux pièces : la première, la plus grande, comportait de jolis rideaux rouges à la fenêtre, une gazinière, un évier, une table et trois chaises. Il y avait des placards aussi et un vieux calendrier au mur. J'aperçus un dessin d'enfant et Maman déclara que c'était moi qui l'avais fait quand j'étais plus petit. On y voyait un bonhomme dont les doigts étaient des baguettes et le buste un rond. Il me semblait assez peu probable que j'aie pu dessiner une chose pareille un jour… La seconde pièce était une chambre composée d'un grand lit et d'un matelas d'enfant posé au sol. Les rideaux ici étaient violets. Je trouvais que le violet était une couleur étrange, car on en voyait peu dans la nature, hormis les violettes qui étaient des fleurs qui n'avaient même pas été fichues de se trouver un vrai nom. C'était précisément ce que j'expliquais à Maman, tandis qu'elle fouillait dans un petit boîtier. Elle poussa un « Ah » et les ampoules de la cabane s'allumèrent, tandis que le tout petit réfrigérateur sous l'évier se mit à ronronner.

« Les lilas sont violets, remarqua Maman. La glycine aussi. Et la lavande. »

Elle continuait de s'activer : elle tournait maintenant la molette du seul radiateur de la cabane, sous la fenêtre de la cuisine.

« L'anémone. La verveine aussi. »

On retourna à la voiture pour aller chercher la glacière avec nos courses.

« Il n'y a pas de pierre violette, affirmai-je à Maman.

— Tu es sûr ? »

Je n'étais pas vraiment sûr.

« L'améthyste est violette.

— On mange quoi ?

— Je ne sais pas. Un sandwich, qu'est-ce que tu en dis ? »

Le sandwich c'était le repas de fête. Le repas des sorties scolaires, des parcs d'attractions ou des journées de plage l'été.

« D'accord, un sandwich. Mais il n'y a pas d'animaux violets.

— Je suis sûre que si. On cherchera tout à l'heure, d'accord ? »

De retour au chalet, Maman nous installa une couverture sur la terrasse pour le pique-nique.

« Trésor, tu vas te laver les mains avant de passer à table ? »

Les toilettes et la salle de bains avaient été rétrécies au maximum pour tenir dans un placard. Il n'y avait pas de fenêtre : juste un bac de douche, une toilette et un lavabo si petit que les mains de Papa – j'en faisais le pari – ne tenaient pas sous le jet.

« Il y a des animaux violets sur Uranus ? »

On s'assit sur les planches en bois en laissant nos jambes se balancer sous la balustrade, dans le vide.

« Oui. Il y a des vers de glace. Ils sont violets. Ils peuvent se faufiler sous la neige, mais, la nuit, ils glissent à la surface, pour éclairer la banquise. Ils brillent comme des lucioles. Ils guident les voyageurs perdus.

— Oh !

— Et les phares aussi sont violets.

— Il y a des phares ?

— Bien sûr ! Comment veux-tu que les bateaux se dirigent autrement ?

— Il y a des bateaux ? Mais il n'y a pas d'hommes ! Qui conduit les bateaux ?

— Pourquoi les bateaux devraient être pilotés ? Ils ne pourraient pas aller où bon leur semble ?

— Ils avancent tout seuls ?

— Comme toi et moi. »

Après le sandwich, je voulus faire le tour du lac avec mon tricycle, mais Maman déclara qu'il était l'heure de la sieste.

« Je n'ai pas sommeil ! protestai-je.

— Mais moi, si ! Tu ne vas pas me laisser dormir seule ? »

Maman mit de jolis draps blancs à fleurs jaunes sur le grand lit. Elle annonça que nous dormirions tous les deux. Comme Papa n'était pas là, il nous fallait nous tenir chaud. Maman ferma les yeux et me dit de faire pareil. Je comptai les taches de soleil sur son visage. Je les touchai du bout du doigt et, chaque fois que je frôlais sa peau, Maman souriait.

« Est-ce que tu veux faire du bateau, Trésor ? »

Maman me coupait une pomme en quartiers à la table de la cuisine. Elle avait dormi longtemps, même quand j'avais déclaré « j'ai fini de dormir, Maman » et que je m'étais mis à sauter sur le lit. Il faisait chaud maintenant dans le cabanon.

« Quel bateau ? demandai-je.

— Les barques.

— Les barques peau d'avocat sont à quelqu'un. Tu disais qu'on n'avait pas le droit.

— On pourrait les emprunter, en prendre grand soin et les rattacher au ponton. Personne n'y trouverait rien à redire.

— Mais tu as dit…

— Parfois, les adultes se trompent, ils se rendent compte que les enfants ont raison, bien plus raison qu'eux. Ça arrive plus souvent qu'on ne le pense. »

Elle déposa les quartiers de pomme devant moi.

« Tu avais raison. Ces barques sont là pour qu'on s'en serve. Il est cruel de les laisser ici, retenues par une chaîne. Elles sont seules et tristes. Les barques sont faites pour naviguer.

— Comme les bateaux d'Uranus ?

— Comme les bateaux d'Uranus. Que dis-tu d'aller libérer les barques ? »

Mes yeux brillaient. C'était une journée fabuleuse.

Maman et moi libérâmes une des barques en cet après-midi de printemps, tandis que le pollen volait au-dessus du lac. Maman déclara que le lendemain nous libérerions la seconde, ainsi elles auraient toutes les deux la chance de se dégourdir les palmes. Maman prit les rames et me demanda de rester bien assis sur le banc de bois, de ne surtout pas me lever. Elle battait des bras, poussait, tirait, et le soleil transformait ses cheveux en un joli feu qui crépitait.

« Regarde, Arthur, regarde comme le lac est content ! Regarde comme il s'anime ! »

Elle me montrait les ridules à la surface de l'eau, les mouvements légers.

« Pourquoi il est content ? Parce qu'on a libéré les barques ?

— Bien sûr !! »

Je ne savais pas si le lac était heureux, comme le disait Maman, mais ce qui était certain, cet après-midi-là, malgré mes cinq ans, c'était à quel point Maman l'était. Et moi avec elle.

Le soir, Maman nous fit une soupe pour nous réchauffer, car les températures chutaient au bord de l'eau. Pendant que les légumes cuisaient et qu'une vapeur se déposait sur les carreaux du chalet, Maman me montra le soleil qui se couchait dans les grands pins. C'était comme un arc-en-ciel : du jaune, du orange, un peu de rouge, et même quelques points roses qui se mêlaient au bleu-gris du ciel et au vert intense des pins. Il ne manquait que le violet. Encore celui-là…

« C'est le Gardien des Merveilles qui fait ça ? demandai-je.

— C'est bien lui. »

Plus tard, alors que je mangeais ma soupe, Maman appela Papa. Papa dit que la butte se sentait bien seule sans moi pour monter la garde mais qu'elle s'en sortait, personne ne l'avait envahie. Puis ensuite, quand Papa nous eut souhaité une bonne nuit, Maman pianota sur son téléphone et m'annonça que j'avais eu tort : il existait bien un animal violet sur la Terre. Le crabe vampire, dont la carapace variait du rouge au bleu et dont la tête et les pinces étaient violacées. Ses yeux étaient orange vif, c'est pour cela qu'on l'avait surnommé « vampire ». Maman promit de me le dessiner.

Avant de dormir, alors que Maman remontait la couverture sous mon menton, elle me demanda :

« Qu'as-tu appris aujourd'hui ? Il faut apprendre quelque chose chaque jour. C'est pour cela qu'on est vivants : pour apprendre encore et encore, les couleurs, les plantes, les animaux, les saisons, les sentiments… »

Comme je ne répondais pas, elle m'embrassa sur le front et chuchota :

« Tu as appris l'existence des crabes vampires aujourd'hui. »

Je fourrai mon pouce dans ma bouche. Je réfléchis.

« J'ai appris qu'on doit libérer les barques », dis-je.

Maman sourit, caressa mon front.

« Exactement. Ce sera ta leçon du jour : personne ne doit vivre accroché à une chaîne. Ni les barques, ni les animaux, ni les humains.

— Les humains ne sont pas accrochés à une chaîne !

— Parfois, si. Mais ils ne le savent pas toujours. »

Elle déposa un autre baiser sur mon front, puis elle se leva.

« Bonne nuit, Trésor. »

Elle avait à peine atteint la porte de notre chambre que je dormais déjà.

6

Le jour où j'ai appris que j'étais un trésor

Je ne me souviens pas avoir vu Maman aussi heureuse que ce printemps-là, lors de ce séjour au lac de Paon. Quand je me levais le matin, elle était déjà installée sur la terrasse qui surplombait le lac. Elle avait sorti la table et les chaises. Devant elle, se trouvaient des crayons de couleur, des feuilles et le dessin du jour. Le crabe vampire un matin. Le criquet rose un autre. Puis la grenouille fraise. La chauve-souris dorée. Toutes ces découvertes, Maman les tenait de son téléphone portable, mais elle ne voulait pas me laisser les chercher moi-même, car elle disait qu'avec ces engins les enfants risquaient de trouver plus qu'ils ne le voulaient vraiment. Chaque matin, donc, je récupérais le dessin du jour et je le collais sur les murs de la cabane à côté des autres, tous alignés de sorte qu'ils formèrent bientôt une fresque. Maman s'était mise à cueillir des fleurs tout autour du lac et à en faire des bouquets qu'elle déposait dans notre chambre, dans la cuisine, sur la terrasse. C'était comme si nous vivions ici pour de vrai. Pour toujours. D'ailleurs, un matin, quand je lui en fis la remarque, elle me demanda :

« Tu aimerais rester vivre ici ?

— Oui ! » répliquai-je sans l'ombre d'une hésitation.

Le matin, Maman m'emmenait faire du tricycle autour du lac et m'aidait chaque fois que je restais coincé dans une racine. Elle marchait derrière, le regard perdu dans le bleu du lac de Paon. Elle me montrait les fleurs qui poussaient là : des pâquerettes, bien sûr, des boutons-d'or, mais aussi des iris des marais.

« Comme le week-end où on t'a conçu. »

Et quelques mauves que Maman caressait délicatement du bout des doigts.

« Est-ce que tu aimerais que je te raconte ton histoire, Arthur ? demanda-t-elle un jour, le regard sur les pétales.

— Quelle histoire ?

— L'histoire de notre rencontre à ton papa et moi, puis la tienne.

— Mmm… D'accord. »

Maman laissa la jolie mauve dans la terre et se releva.

« On va te construire un joli cahier, d'accord ? Avec ton histoire. On y collera des photos. »

Ça avait l'air de lui tenir vachement à cœur, cette idée, à Maman.

Ce jour-là, elle n'avait pas très envie de faire la sieste. Alors qu'on était allongés tous les deux, elle me dit avec un regard triste que son papa et sa maman, Papi et Mamie, ne lui avaient jamais raconté son histoire, que c'était dommage.

« Il fallait leur demander.

— Oui, tu as raison. »

Elle resta silencieuse un instant.

« Parfois, les adultes n'osent pas demander des choses.

— Pourquoi ?

— Parce qu'ils ont perdu leur âme d'enfant. Ils surveillent tout ce qu'ils disent. Ils parlent de tas de choses mais pas de l'essentiel.

— Si tu veux, je demanderai pour toi à Mamie. »

Elle me sourit en effleurant mon oreille.

« Cet après-midi, c'est toi qui conduiras la barque, déclara-t-elle.

— C'est vrai ?

— Oui. Tu es sage et fort. Tu n'as plus grand-chose à apprendre des adultes.

— Si… Quand même… Je ne sais pas conduire une voiture ou piloter un avion. Je ne sais pas allumer le four. Je ne sais pas compter jusqu'à cent. Je ne sais pas faire mes lacets. Je ne sais pas marcher sur les mains… »

Je me mis à lister toutes les choses incroyables que j'espérais bien apprendre un jour, quand je serais grand. Maman ne m'interrompit pas. Elle m'écouta jusqu'au bout. Puis elle déclara :

« Ce ne sont que des choses simples. Tu les apprendras. L'essentiel n'est pas là.

— L'essentiel, c'est quoi ?

— L'essentiel, c'est de ne pas perdre tout ce que tu sais déjà, ce que les adultes oublient. »

Je ne sus pas vraiment ce que Maman voulait dire. Elle m'attira dans ses bras, me serra de toutes ses forces, déposa mille baisers dans mes cheveux.

« Maman, tu es bizarre », dis-je en me dégageant.

Elle eut un drôle de rire qui ressemblait à un sanglot.

« Allez, dors, Trésor. Il faut reprendre des forces. Tu as une barque à conduire. »

La barque évoluait en cercles larges tous les après-midi, tantôt sous un soleil frais, tantôt sous les nuages épais et gris. Nous ne manquions jamais une balade, même quand une pluie fine tombait. Nous tenions chacun une pagaie. Maman m'aidait à ramer, car je manquais de force. Parfois, elle s'activait avec entrain et énergie, parfois avec plus de lassitude, me laissant mener l'embarcation en grande partie. Je finis par donner des prénoms aux barques. Je décidai qu'elles formaient un couple : Lana pour celle à la peinture écaillée ; Titou pour l'autre, qui me paraissait plus robuste.

« C'est au tour de qui ? demandait Maman en s'approchant des chaînes rouillées.

— De Lana ! »

De temps en temps, un touriste ou un promeneur local venait rompre la tranquillité du lieu. Il nous adressait un « bonjour » poli, échangeait quelques mots avec Maman sur le temps, mais son passage ne troublait jamais vraiment le déroulement de nos journées.

« À ton avis, comment se créent les lacs ? » demanda Maman un jour que le ciel était opaque et gris.

L'eau était sombre et menaçante sous les nuages bas.

« Moi, poursuivit Maman, je pense que les lacs se créent chaque fois qu'un enfant a du chagrin. »

Elle avait cessé de ramer et elle avait posé les mains sur ses genoux. Ça lui donnait l'air d'une petite fille.

« En tombant, les larmes forment une flaque. Et comme nous sommes tous liés, comme nous faisons tous partie d'une seule et même grande famille, chaque fois qu'un enfant pleure, les oiseaux pleurent aussi. Les larmes des oiseaux du monde entier coulent et coulent et coulent faisant grossir la flaque qui devient un étang, un lac, ou une rivière. Alors, l'enfant, découvrant l'eau bleue, cesse d'avoir du chagrin et…

— Non ! » répliquai-je avec véhémence.

Bras croisés sur la poitrine, je réfutai fermement sa théorie.

« Ce n'est pas comme ça que ça se passe ! »

J'en étais certain.

« Comment alors, Arthur ?

— C'est un camion-benne qui arrive chargé d'eau. Les papas creusent avec des tractopelles et ensuite *bip bip bip* ils versent l'eau. »

Maman se gratta distraitement le menton, retenant un sourire.

« C'est une idée… je n'y avais jamais pensé… »

Je ne sais pas si Maman chercha la réponse sur son téléphone le soir. Peu importe, je crois. Maman avait toujours prétendu que l'imagination était la plus belle qualité sur Terre. Elle plantait des graines qui germeraient un jour.

Cela devint notre petit jeu, ce printemps-là, au bord du lac : deviner comment se forment les nuages, les cailloux, les fleurs, les arbres, les chemins, les montagnes… Maman avait réponse à tout. Des histoires de géants, de pluies magiques, d'ouragans voyageurs. Moi, je n'en démordais pas : les papas avaient construit la plupart des choses ; les mamans les fleurs. Et les enfants.

Un soir, ce devait être la veille de l'arrivée de Papa au chalet, je me réveillai et trouvai le lit vide. Il faisait nuit, mais une petite lumière éclairait encore la terrasse. Je sortis du lit, avançai à tâtons en direction de la lueur. Maman était installée à la table. L'ampoule éclairait ses cheveux. Elle était penchée sur des feuilles, enroulée dans une vieille couverture rêche.

« Maman ? »

Elle sursauta et elle resta quelques secondes immobile, la main posée sur le cœur.

« Tu m'as fait peur, Arthur. »

Dehors, c'était la pleine lune. Un disque jaune pâle se réverbérait à la surface plane de l'eau. Lana et Titou semblaient subjugués par le spectacle.

« Qu'est-ce que tu fais ? »

Il y avait des feuilles posées devant Maman et des crayons de couleur, mais Maman les repoussa et m'invita à grimper sur ses genoux.

« À ton avis, comment s'est formée la Lune ? »

Comme je ne répondais pas, trop absorbé par la vision de Lana et Titou si calmes face au disque d'or, Maman chuchota :

« Trésor ? »

Ce qui fit jaillir de ma bouche une question qui ne m'était jamais venue jusqu'alors :

« Pourquoi tu m'appelles "Trésor", Maman ? »

Maman sembla chercher la réponse dans le ciel, mais je poursuivais déjà :

« Les trésors sont des pierres précieuses et des pièces en or. C'est dans mon livre sur les pirates.

— Tous les enfants sont des trésors. Encore plus précieux que l'or ou les diamants.

— Non.

— Et pourquoi non ?

— Parce qu'ils ne sont pas cachés. Les trésors sont cachés et doivent être découverts.

— Ah, tu crois cela ? Tu penses qu'il y a une meilleure cachette que dans le ventre d'une maman ? »

Maman me regardait avec son air sérieux de grande personne et je doutai.

« Il faut creuser pour trouver les trésors.

— Tu veux que je te montre quelque chose ? »

Maman se leva, moi toujours dans ses bras, niché dans son cou. Elle me déposa sur la table, au milieu de ses crayons de couleur. Puis, elle remonta son tee-shirt et abaissa un peu son pantalon.

« Regarde. C'est la preuve que tu es un trésor. Plus précieux que tous les diamants de la terre. »

De ses doigts fins, Maman me montra une ligne blanchâtre, très légèrement rosée, qui formait comme une petite digue.

« C'est quoi ?

— C'est là qu'on a creusé pour te trouver.

— Qui a creusé ?

— Papa, pardi ! Papa aidé d'un docteur !

— Qu'est-ce que je faisais caché là ?

— Tu dormais. Comme un bienheureux ! Tu avais déjà le pouce dans la bouche.

— Ce n'est pas vrai !

— Si. Tu dormais et tu attendais qu'on te trouve. Qu'on veille sur toi. »

Je tendis le doigt vers la marque. Maman hocha la tête pour m'encourager à la toucher. C'était doux, légèrement bosselé.

« Tu es notre trésor, à Papa et moi. À la fin de notre vie, quand on nous demandera si on a été riches, on pourra dire que oui, infiniment. »

Le tee-shirt de Maman vint recouvrir la marque, la preuve que j'étais un trésor enfoui. Elle avait l'air toute chamboulée, Maman.

7

Le jour où Papa a fait naître des bébés lunes

Papa nous rejoignit en fin de semaine dans une chemise à carreaux vert et blanc. Il arriva en même temps qu'un monsieur très vieux gara sa voiture devant l'autre chalet, celui « des-gens ». « Des-gens » c'était donc ce monsieur au pantalon de pêcheur et aux cheveux gris clairsemés.

À table, il fallut raconter à Papa notre semaine sans lui, mais il n'écoutait pas vraiment. Il avait les yeux ailleurs, au-delà du lac. On appelait ça « être dans la lune ».

Le lendemain matin, quand Papa indiqua qu'il voulait faire le tour du lac mais qu'il avait besoin de quelqu'un pour le guider, Maman crayonnait encore sur la table de la terrasse. Elle ne sembla pas l'avoir entendu. Je me levai vivement. Il y avait le vieux monsieur au bord du lac, au loin. Je voulais savoir ce qu'il fabriquait.

De ce week-end passé au bord du lac de Paon, en compagnie de Papa, il ne me reste aujourd'hui que quelques détails, aussi précis que précieux comme les poissons qui tournaient en boucle au fond du seau vert kaki du vieux monsieur. Papa et lui se mirent à parler. Quelques phrases de politesse. Le vieux monsieur m'invita à approcher et à jeter un coup d'œil au fond du récipient. Je me souvins m'être dit que je détestais la couleur de son seau, vert kaki, car je l'associais à celle de la bouse de vache, des treillis des militaires qui faisaient la guerre et des cactus qui blessaient. Les poissons me semblaient devenir fous au fond du seau. Ils me paraissaient laids et bien ternes. Quelques gardons grisâtres, des goujons sinistres et une perche, imposante, qui ne suffit pas à éveiller un quelconque émerveillement.

« Il n'y a pas de poissons rouges ? Ou verts ? Ou bleus ? »

Le vieux monsieur me regarda étrangement. Papa passa une main dans mes cheveux en déclarant :

« N'embête pas le monsieur, il doit rester concentré. »

L'autre ne le contredit pas. Moi, je restai accroupi devant le seau.

« Ils sont moches. »

Papa tirait sur ma manche avec de plus en plus d'insistance.

« Sur Uranus les poissons sont bleus. Ou violets.

— Allez, viens, Arthur !

— Et tous les animaux sont libres. On ne les enferme pas dans des seaux ! »

Le vieux me lança un coup d'œil étrange.

« Sur Uranus ? Tu viens de l'espace ?
— Non, mais ma maman va être envoyée là-bas... »

Papa me saisit dans ses bras tout à coup. Je me mis à me débattre avec toute la force dont j'étais capable.

« Arrête ! Laisse-moi ! »

Quand il me reposa au sol, le vieux monsieur était en train de vider son seau dans le lac. La perche effectua un vol plané qui me parut durer une éternité.

« Tu vois, il les relâche », indiqua Papa qui continuait de me tirer par la manche.

Au monsieur, il lança un « bonne journée » que ce dernier lui rendit. Je sentis son regard nous suivre sur quelques mètres, décontenancé.

« Tu ne dois pas parler de la mission sur Uranus à tout le monde, Arthur. C'est un secret. Tu te rappelles ce que Maman a dit ? »

Nous fîmes une longue promenade autour du lac ce matin-là, mais mes yeux ne quittèrent pas une seconde le vieux monsieur et son seau. Tout ce qui m'intéressait, c'était de savoir si de nouveaux poissons avaient rejoint sa bassine prison.

De ce week-end je retins également les siestes de Maman. Son corps frêle sous le drap aux fleurs jaunes. Ses cheveux étalés sur l'oreiller comme des rayons de soleil. Les rideaux violets tirés. Sa respiration légère, si légère que je devais me pencher sur son visage pour l'entendre. Les « chut » de Papa chaque fois que j'envoyais voler les petites voitures contre le mur. Le temps était long avec Papa, il n'avait pas le don de Maman pour nous propulser dans son imagination. Il buvait son café et lançait une voiture de temps en temps, mais je sentais bien qu'il n'entrait jamais vraiment dans mon jeu.

« Tu dois te reposer », glissa Papa à Maman plus tard.

Ils s'activaient devant la gazinière. Cela sentait bon le beurre frit.

« Tu en fais trop avec lui toute la semaine.

— Non, on dort. On fait des siestes chaque jour, hein, Arthur ? »

Je n'eus pas le temps de répondre. Papa la coupa :

« Tu sais ce que je veux dire. »

Le soupir de Maman puis la brusquerie avec laquelle elle reposa la poêle me surprirent.

Un soir, ce devait être le samedi, après le repas, Papa et Maman faisaient la vaisselle quand je les entendis prononcer mon prénom. C'était Maman qui avait parlé. Elle avait la voix étrange : enjouée et hésitante en même temps.

« … lui faire l'école à la maison.

— À la maison ?

— On pourrait venir ici aussi souvent qu'on voudrait. Tu nous rejoindrais le week-end.

— Ne dis pas de bêtises.

— Il est épanoui ici. Il observe tout. Les fleurs, les arbres, les insectes. Il est heureux en pleine nature.

— Tu es heureuse ici. Lui il a besoin de ses camarades…

— Tu devrais le voir. Il est un autre petit garçon ici. »

Une casserole tomba au fond de l'évier. Papa poussa un juron. De la mousse avait recouvert les carreaux et les rideaux. Maman se retourna, mais j'étais sous la table en train de chercher un crayon de couleur qui s'était égaré. Elle ne vit pas que je les écoutais, mon pouce dans la bouche.

« Il reste quelques semaines avant l'été. Ensuite, il sera en vacances avec toi. En permanence. »

Il y eut un silence plus long. Je crus entendre Maman renifler. Quand Papa parla, il le fit à voix très basse :

« Il a besoin de continuer sa vie comme avant. Ses copains, sa maîtresse, son quotidien habituel. Ce sera bien assez compliqué comme ça. Si tous ses repères volent… »

Maman apparut soudain sous la table, un sourire plaqué sur le visage. Ses cils semblaient s'être collés entre eux.

« Viens, mon Trésor, c'est l'heure de l'histoire puis du dodo. »

Elle ne me laissa pas le choix, elle me souleva dans ses bras et m'emporta avec elle.

Je ne sais pas ce que je compris de cette conversation entre eux. Je me sentais lourd quand Maman me mit au lit. Je n'entendis pas vraiment l'histoire et, dans le noir, mon cœur battait si fort que j'étais certain que le vieux monsieur du chalet pouvait l'entendre.

« Je te rejoindrai en rêve », chuchota Maman avant de refermer la porte.

Plus tard, dans la même nuit, je me réveillai. L'obscurité était totale dans la chambre. Maman n'était pas là, à côté de moi. Ni Papa. Je tendis l'oreille, m'attendant à les entendre parler tout bas, mais le seul son qui me parvint était le chuchotement du vent dans les arbres. Je retirai mon pouce de la bouche, me glissai hors du lit. La pièce principale du cabanon était vide et plongée dans l'obscurité. Je me laissai guider par la lueur argentée de la pleine lune, dehors. La terrasse était vide. Pas de Maman ni de Papa ici non plus. Mon cœur commença à s'emballer dangereusement comme dans les cauchemars, comme ce jour où je m'étais accroché au caddie d'une dame au supermarché, en pensant que c'était Maman. C'était une sensation terrible, comme un vide qui s'ouvrait sous mes pieds et m'aspirait tout entier. Mais très vite, un mouvement attira mon attention sur le lac. Les barques. Lana et Titou. Elles avaient été libérées toutes les deux. Elles ondoyaient sur la surface sombre, sans bruit. De temps en temps, une pagaie venait rencontrer l'eau en douceur et cela produisait comme un froissement d'aile très léger. Les deux mains agrippant la rambarde, j'assistai, ébahi, au ballet féerique des barques. Elles tournaient, formaient une valse lente sans jamais se rejoindre. Papa était dans l'une d'elles. Maman dans l'autre, enroulée dans un châle. L'eau autour d'eux dessinait de jolis cercles en cascade. J'allais les appeler quand la barque de Papa brisa sa trajectoire, se glissa jusqu'à celle de Maman. Dans la lueur opaline de la pleine lune, je discernai leurs visages qui se tournaient l'un vers l'autre. Il se passa une éternité silencieuse. Puis Papa tendit une main. Je crus qu'il allait frôler Maman, mais ses doigts se dirigèrent vers l'eau. Le disque d'argent se reflétait là, sur la surface redevenue immobile.

Les doigts de Papa caressèrent la lune-eau. Un frôlement de libellule, à peine. Figé d'émerveillement, j'assistai à la chose la plus belle qu'il m'ait été donné de voir. Sous la caresse de Papa, la lune se troubla, se brouilla, se mit à scintiller de mille reflets défragmentés jusqu'à donner naissance à une nuée de lunes miniatures. Les enfants de la lune-eau et de Papa.

8

Le jour où j'ai découvert qu'avant d'être un petit garçon j'ai été une cerise

Peu de temps après, nous étions de retour à la maison et Maman rapporta de ses courses un grand cahier. La couverture était aussi belle que celle d'un livre : un bleu pâle sur lequel s'épanouissait un arbre de vie au tronc et au branchage blanc. Un liséré argenté formait de jolies feuilles.

« Mais pourquoi dans ton livre les pages sont blanches ? »

Je ne comprenais pas, je tournais en vain les pages, toutes vierges.

« C'est parce que c'est un livre que nous devons écrire nous-mêmes. »

Ça ne me disait rien qui vaille.

« C'est moi qui vais l'écrire, Arthur, ajouta Maman. Ce sera le livre de ta vie. »

Maman ne travaillait plus, en tout cas plus dans un bureau. Elle s'entraînait simplement à dessiner pour le grand tableau de l'Univers. Elle remplissait des pages entières, mais elle ne voulait pas me les montrer.

« Tu n'auras plus de surprise si tu découvres tous les cieux à l'avance. »

De temps en temps, Mamie ou tante Cassie venaient passer le mercredi à la maison, avec Maman et moi. Chacune avait sa spécialité. Quand Mamie était là, elle tenait toujours à rempoter les fleurs que Maman laissait mourir, à s'occuper des massifs du jardin. Quand Cassie était là, elle mettait la musique à plein volume et elle faisait des crêpes. Elle raffolait des crêpes.

Ce mercredi-là, Mamie était là. C'était le printemps. Je le savais parce que les pâquerettes avaient envahi la pelouse. Mamie était agenouillée dans l'herbe, devant un massif qui avait accueilli un jour de jolies tulipes mais que Maman avait arrêté d'entretenir au fil des années.

« Une maison sans fleurs, c'est une maison sans vie », déclarait Mamie en crottant ses genoux.

Elle portait une jolie robe orange avec des triangles blancs. Seule Mamie pouvait porter des vêtements aussi colorés. Maman était assise à l'ombre, à la petite table de la terrasse. Devant elle : le livre à l'arbre de vie, une dizaine de stylos de toutes les couleurs, un tas de photographies et une paire de ciseaux.

« Laisse ta maman tranquille, me lançait Mamie dès que je m'approchais pour voir ce qu'elle faisait. Viens, j'ai besoin d'aide pour arroser ! »

Mais toute l'obstination de Mamie ne suffit pas à calmer ma curiosité. Je finis par venir me percher sur les genoux de Maman, sourd aux protestations de Mamie. Maman déclara :

« Laisse… »

Et déposa un baiser dans mes cheveux.

« Qu'est-ce que c'est ? »

J'étais déçu. Les pages devant moi étaient remplies d'écriture verte, puis bleue, puis violette. Aucun dessin. Seulement deux clichés de personnes que je ne connaissais même pas. Un homme qui portait une chemise à carreaux identique à celles de Papa. Il se tenait sur un scooter posé sur béquille. Il avait des cheveux bruns mal coiffés, tout ébouriffés. Il souriait à l'objectif, une main posée sur la poignée d'accélérateur.

« Je sais qui c'est ! déclarai-je à Maman en écrasant mon doigt sur la photo.

— Ah oui ?

— C'est le monsieur de la boîte du DVD. »

Maman me regarda, interrogative. Je me levai, disparus à toute vitesse dans la maison. Quand je réapparus, j'avais fait tomber la moitié de la collection de DVD au milieu du salon, mais j'avais trouvé ce que je cherchais. Je tendis à Maman la pochette du film *L'Équipée sauvage*. Elle éclata de rire, si bien que Mamie abandonna son arrosoir et s'approcha.

« Marlon Brando. C'est flatteur. Je suis sûre que Vic sera ravi de la comparaison ! »

Mamie sourit en essuyant ses mains toutes sales sur un torchon.

« C'est Papa sur la photo, me révéla Maman. Papa quand il était plus jeune.

— Papa n'a pas de scooter.

— Il en avait un avant. »

Je revins me nicher sur ses genoux, me penchant sur le cliché. Papa avec des cheveux, ce n'était plus vraiment Papa.

« Et la dame ? demandai-je. C'est tante Cassie ? »

La seconde photo représentait la copie conforme de la sœur de Maman. Une jeune femme à la chevelure rougeoyante en maillot de bain sur une plage. Le corps alangui, un sourire espiègle.

« C'est moi », m'apprit Maman.

J'en restai éberlué.

« Qu'est-ce que ça raconte ? repris-je en désignant les lignes d'écriture qui n'en finissaient pas de s'étaler sur les pages.

— Tu veux que je te lise ? »

J'acquiesçai vivement. Mamie tira une chaise et s'y laissa tomber. On abandonna les massifs cet après-midi-là.

La voix de Maman était douce quand elle racontait. J'aurais voulu qu'elle ne s'arrête jamais.

« Qui est Arthur ? Un petit bout de Papa, un petit bout de Maman, un grand bout de lui-même. Papa, c'est Victor Duchemin. Il est né le 5 mars à Sallanches à 22 h 10. Il pesait 2,300 kilos et il était si petit que, les premiers temps, sa maman le faisait dormir dans une grande chaussette de Noël. »

Je ne pus réprimer mon rire incrédule.

« Victor a grandi à Saint-Nicolas-de-Véroce, un village de montagne qui fait face au mont Blanc. Au grand désespoir de ses parents, Victor n'a jamais aimé skier. Il préférait bricoler les vélos, les voitures télécommandées et tout ce qui lui passait sous la main. Victor était nul en mathématiques mais très bon en sport. Enfant, il détestait : la géométrie, les chiens méchants, les épinards et les limaces. »

Nouveau rire suivi d'un hoquet perplexe :

« C'est Papa qui t'a dit ça ?

— Oui. C'est Papa qui m'a aidée à écrire. »

Maman poursuivit, elle ne se laissait jamais déconcentrer très longtemps, comme tous les adultes :

« Victor enfant aimait : les nounours en guimauve et en chocolat, les courses en sac à patates, le vélo et les semoules au lait de sa maman. »

Maman tendit la main vers le tas de photographies sur la table, en extirpa une qui montrait un bébé emmailloté dans un linge blanc.

« On va l'ajouter au livre. C'est Papa quand il était bébé. »

Me trémoussant sur les genoux de Maman, je criai, impatient :

« Continue ! »

Alors, elle s'exécuta.

« Maman, c'est Clarisse Gagnon. Elle est née le 22 juillet à Angers à 5 h 50. Elle pesait 3,600 kilos. Elle pleurait tellement qu'elle réveillait tous les nouveau-nés de la maternité. Les sages-femmes durent l'exclure de la nurserie et la faire dormir dans un couloir. »

Mamie poussa un drôle de soupir étouffé derrière sa main.

« Je m'en souviens, dit-elle. Ton père avait fait un scandale. Maintenant, il est le premier à en rire. »

Mamie piocha parmi le tas de photos et retrouva celle de Maman bébé. Sur le cliché, elle pleurait. Son visage était tendu, violacé, ses poings serrés. Elle était totalement chauve. Je ne savais pas que les mamans naissaient chauves…

« C'est toi ? » demandai-je incrédule.

Comment penser que Maman, si jolie aujourd'hui, avait pu ressembler à ce drôle de gigot violacé ?

« C'est moi. »

Puis reprenant :

« Clarisse a grandi à Angers. Dès son plus jeune âge, elle a toujours dessiné, sur tout ce qui lui passait sous la main. Mais Papi n'avait pas apprécié qu'elle dessine sur la tapisserie du salon et sur le drap-housse de son lit. »

Mon rire fit écho à celui de Mamie. Quand Mamie riait, c'était comme une cascade qui dévalait des rochers.

« Clarisse était très studieuse, très appliquée à l'école, mais ses matières préférées étaient le français et l'art plastique. Enfant, elle détestait : la viande, le bruit de la craie contre le tableau, l'automne et les feuilles mortes qui la rendaient triste. Elle aimait : l'odeur des feutres, sucer la mine des crayons de couleur, piquer ses copains d'école avec le bout de son compas et sauter dans les flaques. »

Le paragraphe était terminé. Maman se pencha vers moi :

« Alors, tu aimes ce livre ?

— La suite ! exigeai-je.

— Bon, bon, j'en déduis que oui… »

Maman prit une petite inspiration avant de continuer :

« Papa et Maman se sont rencontrés un 11 avril. L'horoscope de Maman, ce jour-là, disait : “Votre cœur pourrait bien battre de nouveau. Grâce à la prochaine arrivée de Jupiter en conjonction avec votre Soleil, votre vie amoureuse va prendre un nouveau tournant. Célibataires, osez la rencontre !”

— Ça veut dire quoi ?

— Ça veut dire que Jupiter était allé mettre un coup de pied aux fesses de Papa pour qu'il me propose enfin un rendez-vous. »

Mamie semblait amusée. Moi je ne comprenais pas grand-chose, mais je laissai Maman poursuivre :

« Ce 11 avril, Victor a invité Clarisse à prendre un verre. Clarisse, qui était en train de lire son horoscope, y a vu un signe. Elle a proposé de se retrouver dans un bar à vin qui lui paraissait chic et dans lequel elle n'avait jamais osé mettre les pieds. Papa avait revêtu pour l'occasion un tee-shirt uni, blanc. C'est la première et la dernière fois que Maman le vit avec autre chose qu'une de ses éternelles chemises à carreaux. Maman avait voulu couper sa frange elle-même pour l'occasion et s'était ratée. Elle avait dû masquer le désastre derrière un bandeau bohème. Papa a payé le vin, Maman la planche de fromages et de petits légumes. Papa voulait tellement donner une bonne impression qu'il s'est forcé à mordre dans un morceau de céleri. C'était la première et la dernière fois. »

Maman et Mamie gloussèrent. Je dus les presser de continuer.

« Ce qui a séduit Papa chez Maman : ses cheveux magnifiques, des filaments de soleil. Son rire spontané. Son franc-parler. Ce qui a séduit Maman chez Papa : sa douceur et son calme. Ses grandes mains marquées par le travail. »

Maman tourna la page. Ici l'écriture était d'un joli vert pomme. Une drôle de photo avait été collée. En noir et blanc. On n'y distinguait pas grand-chose à part des taches contrastées.

« C'est toi, m'apprit Maman.

— Non.

— Le jour où on a appris qu'Arthur était dans le ventre de Clarisse était un 1er août. Papa et Maman étaient en vacances à Cassis. Maman sentait bien que quelque chose clochait. Elle n'aimait plus boire son café le matin et elle ne supportait plus les odeurs de cuisson. Le test a révélé qu'un bébé était là, dans son ventre. Maman a pleuré de joie ; Papa ne voulait pas la croire : il voulait le voir de ses propres yeux. Au retour de vacances, Maman et Papa sont allés consulter un docteur qui avait une machine spéciale pour voir dans le ventre des mamans.

— Comme un détecteur de trésors ?

— Un peu oui, confirma Maman. Dans la télévision du docteur, Papa et Maman ont vu le bébé bouger. Il gigotait déjà comme un poisson dans son bocal. »

Je me penchai sur le cliché, circonspect.

« Mais j'ai pas d'yeux.

— Le détecteur de trésors ne peut pas prendre des photos aussi nettes. Bien sûr que tu avais des yeux. On ne les voit pas, c'est tout. »

Les doigts de Maman soulignèrent une légende sous le cliché.

« Tu pesais 4 grammes et tu mesurais 3 centimètres. Tu avais la taille d'une cerise.

— Une cerise », dis-je, penseur.

Ce jour-là, sous une jolie brise printanière, Maman dessina, sous le cliché qui me représentait dans son ventre, une cerise. Une cerise ronde, d'un rouge intense, accompagnée d'une feuille vert tendre.

« La grossesse de Maman a été plutôt rigolote. Sa passion pour le dessin lui a inspiré toutes sortes d'idées. Chaque jour de repos, elle peignait son ventre. Un poisson dans son bocal. Une montgolfière. Un ballon de plage. Un casque de cosmonaute. Un volcan. Et même un œuf de Pâques la veille de l'accouchement. Papa nettoyait les taches sur la moquette, râlait et finit par remplacer la moquette pour un lino facilement nettoyable. Arthur dans le ventre aimait déjà beaucoup la musique. Il se mettait à remuer dès que Papa lançait Metallica ou Maman Norah Jones. »

Maman fouilla dans le pêle-mêle de photographies, aligna devant moi les clichés de son ventre dans toutes les couleurs du monde : vert volcan, orange poisson, rose montgolfière, blanc cosmonaute, bleu ballon. Sur les clichés, Maman souriait de toutes ses dents. Ses cheveux étaient emprisonnés dans un élastique. Elle montrait ses mains pleines de peinture. Sur la dernière, elle était allongée sur le dos et pointait de son index l'œuf de Pâques géant.

« Le jour où Maman a dû se rendre à la maternité, elle terminait de peindre le mur de la future chambre d'Arthur : une prairie remplie de fleurs, de trèfles et de lapins mauves. Papa passait l'aspirateur dans sa voiture. »

Maman retrouva aisément dans le tas la photographie qu'elle cherchait : elle dans un lit d'hôpital, le front luisant, les cheveux collés, un bébé minuscule dans les bras. Sur un autre cliché, Papa me tenait. Je portais des moufles et un bonnet blancs.

« Arthur Duchemin est arrivé sur notre jolie planète le 4 avril à 8 h 05 avec dix jours de retard. Les médecins ont dit à Papa et Maman qu'il avait voulu profiter de la chaleur de la piscine un peu plus longtemps. Papa a déclaré qu'Arthur avait été amené par les cloches de Pâques avec vingt-quatre heures d'avance. Maman a pensé que s'il avait été livré en même temps que les œufs en chocolat, ça risquait de faire un petit garçon gourmand.

— Et c'est le cas ! lança Mamie en m'ébouriffant les cheveux.

— Encore ! Et après ?

— Après, je n'ai pas eu le temps de le rédiger. Si tu me laisses écrire, tu auras la suite demain.

— Bon, déclara Mamie. Puisqu'il faut laisser Maman écrire, viens donc terminer d'arroser les plantes avec moi. »

Elle me tendit la main. Un moineau venait de se poser près de l'arrosoir et ce fut ce qui me décida à la suivre.

Cela devint notre rituel, à Maman et moi. Chaque matin, pendant qu'elle m'aidait à fermer les boutons de mon manteau, à peigner mes cheveux, à essuyer les traces de confiture au coin de ma bouche, à enfiler mes chaussures, elle ouvrait le livre sur le sol et, tout en continuant de s'activer, ses yeux ne quittaient pas les pages, elle me racontait :

« Les premières nuits, Arthur dormait dans le lit de Papa et Maman, entre leurs deux oreillers. »

« À deux mois, Arthur faisait des sourires à l'armoire du salon. »

« Le premier légume qu'Arthur goûta fut une carotte mixée. »

« Arthur fit sa première dent sur un trajet en TGV pour se rendre chez Papé et Mamé à Saint-Nicolas-de-Véroce. Jamais Papa et Maman n'avaient reçu autant de regards noirs. »

« Le premier doudou d'Arthur fut une araignée géante noire. Maman la trouvait terrifiante et ne comprenait pas qu'un bébé puisse s'endormir en la serrant contre son cou. Elle fit tout pour lui faire préférer le lapin blanc à la fourrure douce, l'ourson jaune aux grands yeux doux et même la jolie pieuvre rose. Mais Arthur n'en démordit jamais. Plus tard, il appela son araignée en peluche "Mama" et Maman en fut encore plus perplexe. »

Je collectionnais chacune de ces anecdotes comme autant de pierres précieuses à enfermer dans un joli coffret en bois. C'était notre rendez-vous quotidien, à Maman et à moi, dans la douceur de la matinée. Maman lisait, se relevait et, chaque jour, sans exception, je réclamais la page du dessin de la cerise. Maman s'exécutait. Alors, à genoux sur le carrelage, je me penchais jusqu'à avoir le nez qui frôlait le papier et je fixais, ébahi, le rouge intense.

« C'était moi dans ton ventre ? »

Je m'en assurais, chaque matin. Je trouvais ça fabuleux d'avoir été une cerise avant de devenir un petit garçon.

9

Présent

Mon café est presque tiède maintenant. Je me suis perdu dans mes pensées. Je m'empresse d'avaler mon breuvage tout en scrutant la porte battante, à quelques mètres dans le couloir. C'est là qu'on viendra m'appeler, m'avertir que je peux la rejoindre. J'écrase le gobelet entre mes mains, le jette dans la poubelle, puis je fais quelques pas dans cette direction. Le lino plastifié couine sous mes semelles.

Je sors mon téléphone de ma poche. Il indique vingt-trois heures douze. Nous sommes arrivés il y a maintenant deux heures. J'ai du mal à me débarrasser de ce sentiment d'irréalité, accentué encore par le blanc vif des couloirs et la lumière blafarde. Nous y sommes. Je vis réellement ce moment imaginé dix fois, vingt fois avec la même fébrilité. Vingt-trois heures douze. Est-il trop tard pour l'appeler ? Le prévenir ? Lui que j'ai si peu appelé ces dernières années. Lui dont je redoute désormais de composer le numéro, car il est terrifiant pour moi d'affronter nos silences, nos gênes, notre pudeur. Le jardin ? Ça va, ça va… La maison ? Ma foi, toujours pareille. Anita ? Elle va bien, et Marie ? Très bien aussi. Toujours les mêmes mots, en boucle, comme une ritournelle fatiguée. L'homme qui attrapait les nuages autrefois. L'homme qui, aujourd'hui, me regarde à travers un épais brouillard. Démuni. Impuissant.

La porte à battant reste immobile. Pas un souffle. Pas un éclat de voix. Les choses suivent leur cours. Il faut patienter. Un sursaut d'énergie, apporté par la caféine, me fait déverrouiller l'écran de mon téléphone et prendre une décision. Bientôt, la gorge nouée, je fixe le mot « Papa » qui clignote à l'écran.

« Allô ? »

Il décroche vite. Beaucoup trop vite. Sans doute qu'il savait. Qu'il se doutait.

« C'est moi, dis-je.

— Arthur, ça va ?

— Bien, et toi ? »

Il ne répond pas. À la place, il demande, la voix étrangement rauque :

« C'est en cours ?

— Oui. Anita est prise en charge. Tu sais comment c'est… ça peut durer longtemps. On va tâcher d'être patients. »

J'ai le souffle court, comme si je venais de courir un marathon. Dans le combiné, Papa répond « bien, bien ». Il répète ces mots plusieurs fois. Tout à coup, je réalise que je ne sais plus quoi lui dire mais que je ne peux pas raccrocher ainsi. Alors, je demande :

« Tu faisais quoi ? *Les Experts : Manhattan* ?

— Non, l'émission de déco sur la 6. Tu sais comme Marie aime ça…

— C'est vrai. »

Nouveau silence. Plus long.

« Je ne vais pas t'embêter plus longtemps. Je te rappelle dès qu'il y a du nouveau, d'accord ?

— D'accord. Embrasse Anita pour moi.

— Je le ferai. À plus ! »

Je ne sais pas s'il répond. J'ai déjà raccroché. Il me faut quelques secondes pour refouler la boule dans ma gorge. Dissiper le goût amer dans ma bouche.

Derrière la porte battante, un mouvement. Des voix. La seconde suivante, elle s'ouvre à la volée. Le médecin à la charlotte bleue apparaît.

« Ça y est, la péridurale est posée. Vous pouvez rejoindre votre épouse. »

10

L'été où j'ai découvert que les dunes étaient vivantes et que les étoiles de mer avaient des super-pouvoirs

Cet été-là, Maman voulut vivre dix étés en un. Elle s'épuisa et nous épuisa avec elle. Ce fut aussi l'été le plus merveilleux de ma vie.

Vingt-trois ans après, il le reste.

Maman voulait voir la mer, me montrer les volcans d'Auvergne et les châteaux de la Loire. C'était un planning serré en trois semaines. Papa ne cessait de dire « c'est trop, beaucoup trop », mais il nous conduisit quand même à la mer parce qu'il était incapable de refuser quelque chose à Maman.

L'endroit où nous dormions était un bungalow situé dans un minuscule chemin plein de poussière et de sable. Autour de nous, il y avait des dunes sur lesquelles poussaient de hautes herbes vertes.

Certaines piquaient. D'autres coupaient quand on essayait de les arracher. Maman m'avait interdit de grimper sur les dunes, parce que je risquais d'abîmer les végétaux qui poussaient dessus et qui les maintenaient en place. Or, les dunes étaient extrêmement importantes. Elles protégeaient les hommes et leurs habitations en cas de tempêtes ou de fortes marées.

« Et puis, ajouta Maman, elles sont un habitat naturel pour beaucoup d'animaux et de plantes. »

C'est donc au milieu des dunes, dans la chaleur étouffante de juillet, qu'eurent lieu nos explorations et découvertes, Papa, Maman et moi. Papa et sa casquette du Coq sportif, moi et mon bob jaune citron, Maman et son chapeau de paille, dans lequel était piquée une fausse fleur rose. Maman acheta un livre sur les dunes qu'elle trimbalait partout avec elle, avec le panier du pique-nique. Quelques années plus tard, je la soupçonnerais d'avoir subtilement mêlé vérités scientifiques et inventions merveilleuses, mais, à cette époque, je la croyais sur parole.

Maman nous révéla l'existence dans les dunes du lézard ocellé, le plus grand lézard d'Europe, d'une drôle de grenouille au nom imprononçable – pélobate cultripède – capable de s'enterrer profondément à l'aide de ses pattes arrière qui, j'en étais ébahi, étaient munies de sortes de petites pelles appelées « couteaux ».

Dans les dunes, vivait aussi le « gravelot à collier interrompu », un tout petit oiseau, très joli, avec un demi-collier brun autour du cou. Il pondait ses œufs dans le sable et il fallait faire très attention à ne pas les écraser. Parmi la faune des dunes, il y avait également des libellules, des criquets, des papillons et toutes sortes d'insectes repoussants que je jugeai non dignes d'intérêt : mouches des sables, hannetons, vers, insectes aux mille pattes velues. Et, bien entendu, les fées des dunes, petites créatures lumineuses qui brillaient la nuit et se cachaient le jour.

Maman nous apprit que l'odeur si forte que nous percevions en nous promenant le long du petit sentier sablonneux provenait des immortelles, des fleurs d'un jaune hypnotique qui devinrent le symbole de mon été. L'odeur m'évoquait celle du curry et de la réglisse. Son feuillage était gris argenté et ses fleurs jaune moutarde étaient réunies en bouquets qui formaient de jolies boules. Des soleils, décrétai-je. Des soleils odorants.

« À ton avis, comment se sont formées les dunes ? » lança un jour Maman.

Elle m'écouta évoquer des tractopelles remplies de sable, retenant avec de plus en plus de peine son sourire.

« Vic chéri ? » le consulta-t-elle.

Papa abonda dans mon sens. Ç'avait forcément été un gros chantier avec pas mal de véhicules : minipelle, pelleteuse, compacteur…

Maman riait avec le bout de son nez tout rouge.

« Et toi ? lui demanda Papa. Quel est ton avis ? »

L'histoire de Maman était plus rocambolesque, elle faisait intervenir Monsieur Ronchon.

« Monsieur qui ?

— Monsieur Ronchon, l'homme qui n'était jamais content, qui passait ses journées à soupirer. Sa femme, Madame Joviale, l'avait chassé de la maison. Va donc faire un tour, lui avait-elle dit. Tu me fatigues ! Monsieur Ronchon partit à la mer. Si rien n'allait, la plage pouvait peut-être lui redonner le sourire. On ne pouvait pas être triste face à la mer, n'est-ce pas ? »

Papa et moi acquiesçâmes de bon cœur.

« Il est donc parti avec son chapeau, ses lunettes de soleil, sa bouée rouge. Mais une fois arrivé à la plage, qu'a-t-il découvert ? Je vous le donne en mille ! Des papas, des mamans, des enfants, tous s'amusaient, couraient dans les vagues, se lançaient un ballon, construisaient des châteaux de sable ! C'était la vie qui pétillait de partout. Et Monsieur Ronchon n'était pas prêt à ça. Lui qui pensait pouvoir ronchonner tranquillement tout seul, à l'ombre d'un parasol. Il bouillonnait de colère. Alors, les mains sur les hanches, les sourcils froncés, il prit la plus grande inspiration de sa vie pour pousser son plus gros soupir et là… »

Je riais déjà, en tapant dans mes mains. Je voyais très bien où Maman voulait en venir.

« Il a soufflé si fort que tout le sable de la plage a volé et s'est amassé, formant les dunes. »

Je scrutai Maman, amusé, quoiqu'un peu incertain :

« C'est n'importe quoi ! »

Ma phrase ressemblait à une question.

« Mais c'était drôle, non ?

— Oui. »

Le soir, Papa ouvrit le livre acheté par Maman et nous lut comment s'étaient réellement formées les dunes. C'était une histoire de vent et d'action des vagues. Mais ce qui me fascina réellement fut de découvrir que les dunes changeaient de forme constamment.

« Elles sont vivantes alors ?

— Oui, répondit Maman. Bien sûr. »

Je passai le reste de mes vacances à observer les dunes, debout et immobile, presque sans ciller. Je voulais surprendre un mouvement, une ondulation. Mon impatience eut raison de moi. En revanche, plus jamais je ne posai un pied sur une dune, même si Maman ne regardait pas, même pour cueillir une de ces boules jaune moutarde à l'odeur de curry qui m'attiraient irrésistiblement. J'aurais eu trop peur de la blesser.

Il y eut d'autres merveilles découvertes cet été-là. Le sentier sablonneux où se trouvait notre chalet menait à la mer. Et là-bas, d'autres trésors nous attendaient. Un monde entier se cachait sous les flots et se dévoilait à marée basse. Bernard-l'ermite, balanes, bigorneaux, moules, coques, pétoncles… Je les ramassais et je demandais à Maman de me les dessiner sur son carnet à croquis.

Papa, pendant ce temps, était missionné pour reconnaître les coquillages en question et nous donner une leçon sur chacun d'eux. Ainsi, je découvris que j'aimais beaucoup les moules et que je ne voulais plus en manger. Jamais. Parce qu'elles vivaient en colonie, sur les rochers, et donc cela signifiait qu'elles avaient des amis et peut-être même une famille. Le crabe vert fit partie de mes protégés également du fait de l'autre nom qu'on lui donnait : crabe enragé. Je songeais qu'il était forcément un guerrier, un combattant surpuissant et Maman me le confirma : sur Uranus, on en trouvait – oui oui ! – et ils gardaient l'entrée du palais du Gardien des Merveilles avec des boucliers qu'ils se confectionnaient à partir de coquilles de pétoncle. Là-bas, ils étaient verts également, mais du fait des températures plus basses, leur vert était plus pâle, comme les pommes. Bien sûr, il n'y avait plus vraiment besoin de guerriers sur Uranus, du fait que toutes les créatures vivaient libres et heureuses, dans la paix la plus totale, mais on ne voulait pas mettre au chômage les crabes. Ils avaient sauvé le palais des Merveilles de l'attaque des Corbeaux Maléfiques, il y avait de cela une centaine d'années. Mais c'était une autre histoire, conclut Maman, que nous aurions le temps de découvrir plus tard.

La merveille qui remporta toute mon admiration fut l'étoile de mer, car Papa me conta qu'elle avait un super-pouvoir : si un de ses bras se trouvait coupé, l'étoile avait la capacité de le faire repousser. Dans le monde, m'apprit Papa, les étoiles de mer pouvaient être rouges, bleu vif, rose corail, orange. Elles pouvaient être striées, à pois. Mais, durant cet été, nous ne vîmes que des étoiles beiges, comme le sable. Maman se proposa cependant de me la dessiner, telle que j'aurais voulu la voir. L'étoile de mer de son carnet à croquis devint donc bleue avec des cratères blancs.

Quand nous quittâmes notre cabanon au cœur des dunes, le carnet à croquis de Maman contenait plus de merveilles que je ne pouvais en compter. Malgré quelques coups de soleil sur le nez, Maman était pâle. Ses yeux étaient cernés. Papa déclara qu'il était temps de rentrer à la maison. Ou au lac de Paon. Nous pourrions y finir les vacances en nous reposant. Mais Maman déclara :

« Hors de question ! Tu es fatigué ? Pas moi ! »

Maman avait commencé à mentir beaucoup trop.

11

Le jour où j'ai cabossé le cœur de Maman

Des visites des châteaux de la Loire, je retins surtout l'épuisement de ces heures à déambuler sous un soleil de plomb, la chaleur étouffante, les files d'attente, les guichets puis les sols dallés sur lesquels j'inventais des jeux : noir les crocodiles, blanc les rondins de bois. Quelques détails réussirent tout de même à me faire lever un sourcil : les hautes tours rondes, les ponts enjambant l'eau et les jardins que même Mamie n'aurait pu si bien entretenir.

Nous passions de pièce en pièce, écoutant un guide. Maman s'asseyait dès qu'elle le pouvait. Papa lui disait de boire, de rester ici, que nous reviendrions la chercher, mais elle était têtue. Elle nous suivait de ses pas lents et minuscules. Elle demandait sans cesse :

« Tu aimes, Trésor ? » ou : « À ton avis, une princesse se cache encore ici ? » ou bien encore : « Tu aimerais vivre ici ? Quelle chambre tu choisirais ? ».

Je me lassais, j'avais mal aux pieds.

Un après-midi particulièrement lourd, nous sortions d'une énième visite. Maman nous avait attendus à l'extérieur, à l'ombre d'un arbre. Elle se leva d'un bond en nous voyant et, avec beaucoup trop d'entrain, s'exclama :

« Alors, tu as aimé ? Tu es prêt pour partir à la découverte des volcans d'Auvergne ? »

Avant que Papa n'ait eu le temps de protester, ce fut ma voix fluette qui s'éleva. Une voix indignée, révoltée, épuisée :

« J'en ai marre des vacances ! »

Je tapai du pied, croisai les bras sur ma poitrine. Je ne m'attendais pas à provoquer ce silence stupéfait chez Papa et Maman. Maman était immobile, perdue au milieu de sa robe à fleurs.

« Arthur, dit Papa lentement. Qu'est-ce qui se passe ?

— J'en ai marre des vacances ! Je veux rentrer ! »

Un nouveau silence. Papa lança un regard à Maman et passa un bras sous son coude, comme s'il avait senti que Maman pourrait chanceler.

« Je veux pas voir les volcans !

— D'accord, dit Papa. D'accord.

— Je veux retrouver ma chambre. Mon circuit de voitures. Mon vélo. Je veux aller sur ma butte !

— On va déjà rentrer à l'hôtel. On en parlera après. »

Maman ne bougeait pas. Elle était comme une statue de sel et, en même temps, elle ressemblait à une petite fille qui se retenait de pleurer.

Je tapai très fort des pieds tandis que nous nous dirigions vers la voiture. Papa et Maman marchaient lentement. Papa chuchotait. Maman ne disait rien. Quand nous fûmes dans l'habitacle et que Papa démarra, Maman dit d'une petite voix que je ne lui connaissais pas :

« Je suis désolée, Arthur. Je croyais que les châteaux te plaisaient. »

Je ne sus que répondre, car ce n'était pas que les châteaux ne me plaisaient pas. C'était que je n'avais pas besoin de donjons, de ponts, de décors de princes et de princesses ni même de volcans pour passer un été inoubliable. Je n'avais besoin que de terre à gratter, de Maman qui me racontait des histoires à dormir debout, de Papa qui faisait semblant de la croire, de coups de soleil sur le nez, de crabes sur le cahier de croquis de Maman.

Tout ce que je trouvai à dire, à ce moment-là, face à la détresse de Maman fut :

« J'aime mieux ma butte. Je veux plus partir en vacances. Sauf aux dunes. »

Un silence. Maman alluma l'autoradio pour le chasser. Une musique envahit l'habitacle.

« D'accord, Trésor », dit-elle simplement.

À quel âge prend-on conscience du mal que l'on inflige sans le vouloir ? Dans la voiture, ce jour-là, aucune prise de conscience n'effleura mon si jeune esprit. Je ne me rendis pas compte que j'avais brisé le cœur de Maman. À l'hôtel, elle prit une douche qui dura une éternité. Papa était tellement perdu qu'il m'alluma la télévision sans même que je lui demande.

Le soir, ma colère était passée. Pourtant, je fus heureux d'apprendre que nous reprenions la route de la maison dès le lendemain. Nous dînions à la terrasse d'un joli restaurant au bord de la Loire. Des lampions avaient été accrochés dans les arbres. Maman était emmitouflée dans un gilet. Elle frissonnait, comme si elle avait froid. Pourtant, l'air était doux. Devant ma coupe de glace surmontée de chantilly, elle me demanda :

« Que voudras-tu faire sur ta butte, Trésor ?

— Chercher des vers de terre. Planter des arbres. Écouter la guerre d'Uranus.

— La guerre d'Uranus ?

— Avec les Corbeaux. »

Un sourire apparut sur le visage de Maman comme la flamme d'une bougie. Lumineux et vacillant.

« Avec toi. »

Puis me tournant vers Papa qui remuait son café avec sa cuillère.

« Et avec Papa aussi. »

Plus tard, alors que nous rentrions à pied à l'hôtel, Maman me prit la main et la serra très fort. Elle déclara :

« Tu m'as appris une leçon essentielle aujourd'hui. Je croyais bien faire, mais c'est toi qui as raison. On cherche toujours le bonheur loin de chez soi. On croit qu'il se trouve dans l'exotisme de paysages différents, de senteurs nouvelles, de bâtiments imposants. Ce n'est pas toujours vrai, n'est-ce pas ? Parfois, le bonheur, c'est juste d'être assis sur une butte tous les trois. »

Ses yeux brillaient dans la nuit comme deux hématites. J'acquiesçai avec toute ma conviction de petit garçon.

« Oui. La butte tous les trois. Et mon bâton. »

Ce jour-là, bien malgré moi, j'avais donc enseigné quelque chose à Maman. Ce n'est que plus tard, en grandissant, en me remémorant le souvenir de ces dernières vacances tous les trois, que je réaliserais que je lui avais aussi cabossé le cœur. Comme seuls les enfants peuvent le faire. Avec la maladresse et la cruauté de leur innocence.

12

Le jour où le ciel m'est tombé sur la tête

Tante Cassie m'avait expliqué un jour l'expression « le ciel m'est tombé sur la tête ». Elle l'avait employée au détour d'une conversation avec Maman et, voyant que je levais la tête vers la voûte céleste avec une certaine crainte, elle avait ri, puis m'avait expliqué : c'était une façon de parler, le ciel était bien là où il était.

Les adultes utilisaient cette expression pour dire qu'ils avaient reçu un choc, une nouvelle inattendue. Elle avait été plus loin encore : cela venait des Gaulois. Convaincus que le ciel était soutenu par des colonnes, ils pensaient qu'il s'effondrerait une fois la fin du monde venue.

Je ne sais plus exactement de quoi tante Cassie parlait cet après-midi-là, mais, tandis que Maman et elle reprenaient leur conversation, je lorgnai le ciel. Quel genre de chose pouvait nous donner une impression si terrible, si imposante, si fracassante ?

La réponse ne m'était pas venue, et puis, un papillon était passé dans l'herbe non loin. Je n'y avais plus jamais songé. Jusqu'à ce matin.

Nous étions rentrés de vacances depuis deux jours seulement quand je me levai et découvris Mamie dans ma chambre. Comme une ombre de géant, assise au bout de mon lit. Elle se redressa dès qu'elle s'aperçut que j'étais réveillé et elle chanta, d'une voix haut perchée :

« Coucou, mon petit moineau ! »

Elle surprit mon regard qui se posait partout, guettait l'ombre de Maman à travers la porte, le bruit de sa radio dans la cuisine, l'odeur du café ou de son parfum qui m'évoquait la senteur des jardineries.

« Maman a dû partir. Elle sera de retour bientôt. »

Mamie triturait le drap, son sourire semblait coincé, rigide.

« Où ? »

Elle continuait de caresser le drap en produisant un bougonnement qui n'engageait à rien.

« Et Papa ?

— Papa l'a accompagnée.

— Où ? » répétai-je.

Je me redressai, sautai du lit avant que Mamie n'ait le temps de réagir. Je voulais vérifier de mes propres yeux. La chambre des parents déjà. Les draps étaient défaits, froissés. Des vêtements traînaient au sol. La salle de bains ensuite. Parfois, il m'arrivait de chercher Maman partout et de la trouver ici, en train d'inspecter sa peau dans le miroir, de se chatouiller les sourcils avec un drôle d'ustensile en forme de pince. Mais elle n'était pas là. La cuisine enfin, en bas des escaliers. Pas de Maman. Ses crayons de couleur étaient sur la table du salon ainsi qu'un tas de dessins, mais le livre de ma vie n'était plus là.

« Arthur, où tu cours comme ça ? Je t'ai dit qu'elle rentrerait. »

J'étais au milieu de la cuisine, tournant sur moi-même pour rassembler les indices. Pas de tasse de café sale. Pas de petit mot griffonné. D'habitude, quand Maman s'absentait, elle laissait un mot. Mon cœur s'emballait. Mes idées s'emmêlaient. Je manquais d'air.

Et ce fut à cet instant que je la ressentis. Cette chape de plomb qui s'abattit sur ma tête, qui me coupa les jambes, me donna l'impression d'être écrasé violemment. Maman n'avait pas pu partir sur Uranus sans me prévenir. Elle ne serait pas partie sur Uranus sans un café. La veille au soir, elle me lisait une histoire dans le lit et elle avait déclaré :

« Demain, on plantera des trèfles à quatre feuilles sur ta butte. »

Elle avait déniché un sachet de graines. Cela sonnait comme une promesse. Et ce matin, elle avait disparu. Ce matin, le ciel me tombait sur la tête.

« Tiens, Arthur. Appelle ton papa. Il va t'expliquer. »

Mamie me tendit le téléphone qui sonnait déjà. Une sonnerie, deux sonneries, puis la voix de Papa toute rauque.

« Oui, Anne-Marie ? »

Il dut reconnaître ma petite respiration précipitée, car il rectifia :

« Arthur ?

— Où est Maman ? Sur Uranus ? »

Un silence. Il y avait des bruits dans le combiné : des pas, des voix. Comme dans une gare.

« Le… Eh bien, le… le Gardien des Merveilles… Tu sais ?

— Oui. Le vieux monsieur.

— Il s'est foulé le poignet.

— Ça veut dire quoi ?

— Il a besoin d'un petit coup de main. C'est histoire d'un jour ou deux.

— Menteur ! »

Mamie sursauta à côté de moi. Elle fixa le téléphone avec sévérité, comme si elle lui en voulait de quelque chose. Je poursuivis :

« Maman n'a rien dit. Maman n'a pas laissé de mot ! »

Il se gratta la gorge.

« Elle n'a pas eu le temps.

— Menteur menteur menteur ! »

Je le scandais à toute vitesse dans la cuisine.

« Le Gardien des Merveilles le lui a interdit, voilà ! lança soudain Papa.

— Pourquoi ?

— Parce que c'est une mission secrète. Parce que des gens méchants auraient pu l'en empêcher.

— Pourquoi ? Quels gens méchants ?

— Les… Eh bien, les… Tu sais ? »

Mamie secouait maintenant la tête, assassinant toujours le téléphone du regard.

« Les Black Fighters, souffla Papa.

— C'est quoi ?

— Ce sont des gens qui veulent que le ciel soit toujours noir. Sans lumière, sans couleur. Ils ont même créé une ligue qui milite pour la fin des nuages ! S'ils… S'ils avaient su que Maman s'apprêtait à prêter main-forte au Gardien des Merveilles et à l'aider à maintenir le ciel coloré, ils l'auraient…

— Tuée ?

— Mais non. Ils l'auraient, disons… empêchée de décoller.

— Ils l'auraient mise dans une prison ?

— Oh, je ne crois pas…

— Si ! affirmai-je.

— Peut-être », dit Papa.

Mon cœur reprenait une allure normale. Ma panique s'éloignait. Je me demandais si les Black Fighters avaient des bandeaux noirs sur le front, s'ils portaient des bottes cloutées, s'ils avaient des épées.

« Écoute, Arthur, je vais devoir te laisser. Je rentre à la maison en fin de journée. Sois sage avec Mamie, d'accord ? »

Papa ajouta d'autres choses, des baisers qu'il m'envoyait, des promesses du temps qui allait passer vite, des choses que les adultes pensaient importantes mais que les enfants n'écoutaient jamais. Je rendis le téléphone à Mamie qui s'étonna :

« Où vas-tu ? »

Je me dirigeais vers l'entrée d'un pas guilleret.

« Attendre Maman sur ma butte ! »

Et vérifier, tout de même, que le ciel était bien toujours là-haut, solidement accroché.

Ce fut le jour le plus long de ma courte vie. Mamie déploya des trésors d'imagination pour me divertir, mais je refusai de quitter ma butte, sauf au moment du goûter. La faute au gâteau au chocolat qui sortait du four.

Le soir, Papa revint, mais il avait le visage tout chiffonné et il ne répondit pas à la moitié de mes questions sur les Black Fighters, la fusée spatiale qui avait conduit Maman, la combinaison de cosmonaute qu'elle portait. Quand il se proposa de me lire une histoire avant de dormir, je refusai et déclarai :

« Si c'est pas Maman, c'est personne. »

Je refusai de l'embrasser ce soir-là et repoussai ses vaines tentatives de me prendre dans ses bras.

Le lendemain soir, quand il revint du travail, Papa tenait entre ses mains une feuille avec l'écriture de Maman.

« Je te la lis ? »

J'étais trop intrigué pour refuser. Alors, Papa s'assit sur la moquette à côté de moi et s'appliqua pour lire, malgré le drôle de tremblement dans sa voix.

Papa est formidable.

Papa a coupé lui-même le cordon ombilical d'Arthur à sa naissance.

Il n'a pas tremblé.

Les premières semaines d'Arthur sur la Terre, Papa a passé des nuits entières avec lui contre son torse, dans le canapé du salon, pour laisser Maman se reposer. Il aspergeait ses vêtements du parfum de Maman pour rassurer Arthur et l'apaiser.

Papa a appris par cœur la comptine de l'Araignée Gipsy pour pouvoir la chanter en voiture : c'était la seule chose qui calmait Arthur.

Il a parcouru quarante kilomètres en pleine nuit pour retrouver Doudou Araignée qui avait dû tomber de la poussette d'Arthur lors d'une promenade en forêt.

C'est Papa qui a lâché la main d'Arthur pour ses premiers pas quand Maman n'osait pas et c'est lui qui l'a réceptionné quelques mètres plus loin en embrassant son cou dodu.

Papa a fait construire la butte d'Arthur à ses trois ans, quand il lui a réclamé « une montagne ». Il a fait venir une tractopelle et Arthur a déclaré que c'était le plus bel anniversaire de sa vie.

Papa est le seul à faire rire Arthur aux éclats en imitant le bruit de l'âne ou en faisant du hula-hoop avec sa ceinture de peignoir. Papa sait souffler sur les bobos mieux que personne. Il traque le monstre sous le lit d'Arthur, retrouve les jouets disparus sous les tapis ou les armoires, connaît le nom des oiseaux dans les arbres et prépare les meilleurs jus d'orange pressés au monde.

Papa aime Arthur plus qu'il n'aime Maman, plus que la terre n'aime la pluie, plus que les abeilles n'aiment les fleurs.

Papa est formidable et Arthur est un Trésor.

Maman dans les étoiles… qui revient bientôt.

Papa me tendit la lettre. Je la rangeai précieusement dans ma boîte à secrets, un petit coffret en bois rempli de pâquerettes séchées, de morceaux de verre poli, de pièces de cinq centimes et de vieilles dragées de baptême.

13

Présent

Anita est allongée sur ce lit blanc, avec ces machines qui clignotent et bipent autour de nous. Je serre sa main. Je crains de lâcher ses doigts, de la voir s'abandonner à la souffrance, mais elle sourit, elle reste très digne. Comme Maman.

« Ça va ? »

La péridurale ne fait pas encore effet. Il faudra un quart d'heure.

Pourtant, Anita plaisante, pour me faire oublier, pour oublier elle-même la douleur, qui revient par vagues, de terribles vagues se fracassant avec violence contre le rivage. C'est l'image qu'on nous a donnée, au cours de préparation à l'accouchement.

« Ça va. Le matelas est tout confort et la vue n'est pas mal, non ? »

Anita lutte contre les rouleaux en affichant un air faussement détaché et moi je tente difficilement de revenir à la réalité.

« On l'a toujours, dans le grenier, au milieu des vieilleries ?

— Hein ? fait Anita.

— Ce vieux coffret en bois. Mon coffret d'enfant. »

La machine indique une contraction et le visage d'Anita se crispe, tandis qu'elle expire par petites saccades. J'attends que la vague se retire et qu'Anita reprenne son souffle.

« J'avais collé une série de gommettes sur le couvercle. Elles étaient bleues, je crois.

— Oui, je vois. Je crois qu'il est là-haut, avec les cartons qu'on n'a jamais eu le courage de vider. »

Les épaules d'Anita se relâchent. Elle s'enfonce avec un certain soulagement dans l'oreiller. Elle a perdu quelques couleurs.

« Pourquoi ? demande-t-elle.

— Pour rien. »

Elle me fixe, pas dupe. C'est quelque chose qui me fascine chez elle, cette capacité à lire en moi.

« Tu penses à elle ? »

Un haussement d'épaules. Je rive mon regard à la fenêtre. Anita a raison, la vue est plus jolie que nous n'aurions pu l'espérer dans un contexte pareil. Nous donnons sur le parking arrière de l'hôpital. Au-delà du béton, des stries blanches et de quelques véhicules, nous avons une vue dégagée, sans immeuble, sans éclairage agressif, sur la vallée endormie. Et de fait, nous pouvons voir le ciel comme rarement. Il est d'un noir profond et les étoiles sont visibles.

« Tu n'as jamais rien voulu m'en dire. À part qu'elle mentait beaucoup trop. Qu'elle t'avait caché qu'elle était malade. Qu'elle est partie comme une voleuse.

— Concentre-toi sur ton souffle. C'est ce qu'ils nous ont appris, tu te rappelles ? Tu veux un peu d'eau ?

— Tu pourrais m'en parler. Ça me changerait les idées, tu sais. »

Je me lève, me dirige vers le lavabo. Je m'obstine à lui tourner le dos tout en lui remplissant un gobelet d'eau. Avant Anita, j'ai aimé d'autres femmes. Mais jamais ainsi. Anita dessine. Est-ce pour cela que je l'ai choisie ? Elle est architecte, travaille essentiellement sur ordinateur, mais elle dessine le soir ou le week-end. C'est comme une respiration pour elle. Elle aime les fleurs. Ce sont elles, qu'elle dessine. Les plus rares la fascinent. Les orchidées colombe sont ses préférées. Mais elle dessine également la rose de porcelaine, l'oiseau de paradis, la jasmine antillaise. Contrairement à Maman, Anita ne sait pas mentir. Elle est d'une franchise et d'une spontanéité effrayantes. Tandis que je reviens vers elle avec le gobelet d'eau, elle me demande :

« Qu'est-ce qu'il y a dans ce coffre en bois ?

— Des bibelots de gosse. Rien de spécial.

— Mais il y a quelque chose de particulier, non ?

— Oui… Une lettre entre autres.

— Quelle lettre ?

— Et une coquille d'escargot. Bleue. Avec des paillettes argentées. Ma mère disait que c'étaient des éclats de neige éternelle.

— Tu l'avais trouvée où ?

— C'est elle qui me l'avait ramenée. D'un de ses séjours à l'hôpital. Elle l'avait sortie de sa poche pour me faire oublier son départ précipité, son absence de trois jours, la drôle de machine derrière elle qui respirait à sa place. »

Les années ont passé. La colère a germé, a terni une partie de mes souvenirs. Je me souviens encore parfaitement de sa voix : « *Regarde, Trésor. Je l'ai découverte à l'entrée du palais ! Une coquille d'escargot polaire ! Bon sang, j'ai tant et tant de choses à te raconter !* »

« On ira le chercher au grenier », déclare Anita en serrant mes doigts entre les siens.

Je me dégage. Je ne veux pas qu'Anita me réconforte. Pas cette nuit. C'est moi qui dois être là pour elle et non l'inverse. Je reporte mon attention sur l'écran du monitoring, mais Anita poursuit :

« C'est dommage que tu aies cherché à tout brûler. J'aurais aimé lire ses lettres… »

Je secoue la tête. Pas maintenant. J'en ai la gorge nouée. Cela me crève le cœur de l'admettre, mais moi aussi j'aurais voulu pouvoir les relire, retrouver quelque chose de Maman dans ses tracés, ses dessins, sa maudite imagination. Même si j'ai toujours assuré le contraire, même si je me suis appliqué avec une rage assassine à tout faire disparaître.

« Ton père en a peut-être sauvé quelques-unes, non ?

— Peut-être.

— Tu lui demanderas.

— Non.

— Pourquoi non ? »

Il est inutile de répondre. Anita sait cette pudeur entre nous, cette cloison entre nos deux cœurs. Pourtant, Maman avait essayé de nous souder avant son départ. *Papa est formidable et Arthur est un Trésor.* Elle a échoué. Je ne sais plus pourquoi j'ai tant détesté Papa toutes les années qui ont suivi. Parce qu'il l'a laissée me raconter toutes ces histoires sans intervenir. Parce qu'il est lui-même entré dans ses mensonges. Parce qu'il n'a pas su la retenir auprès de nous. S'il fallait un exutoire à ma douleur, ça ne pouvait être que Papa.

14

Le jour où j'ai planté un arbre à musique

Maman attendait avec une coquille d'escargot posée dans sa main tendue. Mais je ne bougeai pas. Toute mon attention était accaparée par cette machine à roulettes, d'un blanc vif, qu'elle traînait derrière elle. Un tuyau reliait la machine à Maman, se séparait en deux petites tubulures au niveau de ses narines.

« C'est quoi ?

— Un escargot polaire. Il a dû abandonner sa maison pour…

— Non, ça !

— Oh, ça… »

Elle avait souri et, dans le sourire de Maman, il y avait une éclipse solaire. Quelque chose en clair-obscur, tout en contrastes.

« Je dois me préparer à la vie sur Uranus.

— Ça veut dire quoi ?

— Le taux d'oxygène n'est pas le même là-bas. L'atmosphère est différente. Il faut que je m'entraîne, comme un athlète, à respirer différemment. Tout cela est très technique et très ennuyeux, mais le Gardien des Merveilles m'a assuré que, au bout de quelques semaines, on n'a plus besoin de ce machin, on se sent comme un poisson dans l'eau. D'ailleurs, il te passe le bonjour. Il t'a glissé une autre petite surprise dans la coquille ! »

Je m'approchai enfin de la coquille bleue aux paillettes argentées. Je la saisis, la renversai dans ma main. Une petite bille grise roula sur ma paume.

« Qu'est-ce que c'est ?

— Une crotte d'escargot. »

J'esquissai une moue de dégoût. *Beurk.* Je lâchai subitement les présents offerts par Maman. La coquille retomba mollement sur le lino. La bille alla rouler plus loin.

« C'est dégueu ! m'écriai-je.

— Tu plaisantes ? s'indigna Maman. C'est très précieux ! Le Gardien des Merveilles les récolte et les conserve soigneusement. Au printemps polaire, on les enfouit dans la neige de la banquise. Quelques semaines plus tard, on peut voir pousser des arbres à musique.

— Des quoi ?

— Ce sont des arbres dont les feuilles ressemblent à de petits rouleaux de parchemin jaunis. Quand le vent se lève, il fait frissonner les feuilles. En se heurtant les unes aux autres, elles produisent des mélodies magnifiques, les sons les plus purs qu'il existe. Le Gardien des Merveilles dit que c'est un mélange du piano de Chopin, du violon de Vivaldi et de la harpe de Boieldieu. C'est divin. »

Je ne compris pas tout ce à quoi Maman faisait référence, mais je saisis l'essentiel : à savoir qu'il me fallait à tout prix récupérer cette bille. Je me mis à quatre pattes sur le sol, tâtonnant.

« Ça pousse sur Terre ? demandai-je.

— Je ne sais pas. Mais on peut essayer. Où voudrais-tu le planter ?

— Sur ma butte ! »

C'était la fin de l'été. Les températures restaient chaudes. Maman traînait partout avec elle sa drôle de machine pour respirer sur Uranus. Tante Cassie ou Mamie, chacune à tour de rôle, appelait à la maison. Presque chaque demi-heure. Elles demandaient : « Ça va ? » et Maman disait « oui, oui, on va deviner la forme des nuages » ou « on va observer les fourmis » ou encore « on va arroser l'arbre à musique ».

Je ne sais pas ce qu'elles demandaient à Maman, mais elle répondait catégorique :

« Non, je m'en sors parfaitement bien. Arrêtez de vous inquiéter ! »

Quand elle raccrochait, elle levait les yeux au ciel et disait :

« Elles nous cassent les pieds, hein ? »

Nous avions installé un tipi en haut de la butte. Nous passions tant et tant d'heures là-haut que Maman craignait que nous attrapions une insolation. C'est Papa qui nous avait construit le tipi avec de vieux draps et des tiges de bambou. Sous notre abri, il y avait de l'eau, des oreillers, quelques livres et un paquet de gâteaux au chocolat. C'était un endroit minuscule, mais c'était ici que nous faisions la sieste, Maman plus souvent que moi d'ailleurs. Elle disait que le voyage jusqu'à Uranus était épuisant et que son déplacement l'avait surmenée.

« Je serai sur Uranus avant Noël », me confia-t-elle un matin.

Noël me paraissait être à des années-lumière. Noël, c'était quand je serais grand. Quand l'école aurait repris et quand elle se serait arrêtée de nouveau.

« Le Gardien des Merveilles… Pauvre vieux. Son arthrose le démange. Tu sais, il est tellement bien là-bas qu'il veut y rester le plus possible, mais ça ne va pas pouvoir durer. Il va devoir rendre les pinceaux et me laisser la place. Il a déclaré qu'il se retirerait quand la saison des naissances arriverait. »

Je l'observai avec de grands yeux interrogateurs.

« Les phoques, les pingouins, les ours, les baleines, les renards polaires, les morses… Ils font tous leurs petits au même moment. À la saison des naissances, Uranus est une véritable pouponnière. Ça crie, ça babille, ça tente de marcher, ça vomit. Si tu voyais ça ! Là-bas on dit que c'est le début d'un cycle et la fin d'un autre. Quand la saison des naissances viendra, le Gardien des Merveilles rendra ses pinceaux et moi je prendrai sa place.

— Il fera quoi ?

— Il se reposera.

— Tu t'appelleras la Gardienne des Merveilles ?

— Oui, Trésor. »

Je fronçai le nez, peu convaincu.

« Tu n'aimes pas ce nom ? »

Un instant de réflexion, mes yeux perdus dans les massifs du jardin.

« Je ne sais pas…

— Si tu as une meilleure idée, n'hésite pas. »

Je réfléchis activement, creusant de petits sillons dans la terre, colorant mes ongles de noir.

« Tu n'es pas une gardienne. Tu dessines. Tu fabriques le ciel. Tu es une faiseuse d'étoiles. »

Ce fut ce jour-là que je baptisai Maman.

« C'est si joli, si poétique. Merci, Arthur. »

La faiseuse d'étoiles. Ce fut ainsi qu'elle signa les dizaines et les dizaines de lettres qui inondèrent ma chambre après son départ.

En cette fin d'été, Maman entreprit de m'apprendre le ciel. Elle fit acheter deux ou trois livres sur le sujet à Papa. Chaque soir, nous nous réunissions tous les trois au bord du tipi, en hauteur. Avec sa lampe frontale, Papa lisait et nous apprenait le nom des étoiles et des constellations, pointait du doigt. Mais ce qui nous passionnait le plus Maman et moi, ce furent les anecdotes qu'elle dénichait sur son téléphone portable :

« Il pleut presque en continu sur Vénus, mais la pluie ne touche jamais le sol : elle s'évapore avant. »

« Sur Mercure, il peut y avoir une différence de température de 600 °C entre le jour et la nuit. Tu imagines ? Il faut un bon duvet pour dormir ! »

« C'est sur Mars que l'on trouve le plus haut sommet de tout le système solaire : le volcan Olympus Mons. Il culmine à vingt-six kilomètres. C'est trois fois plus que l'Everest ! »

« Le ciel sur Mars est rouge et non bleu. »

Cette information me catastropha, étant donné que je considérais le bleu comme la plus belle couleur de l'Univers. Et enfin :

« Vue de l'extérieur, notre galaxie, la Voie lactée, a une forme de roue de vélo voilée. »

Celle-ci me fit sourire.

Quelques jours avant la rentrée scolaire, Maman développa une féroce obsession. Elle fit acheter un télescope à Papa et, chaque soir, s'acharna à trouver Uranus dans le ciel en suivant les indications de ses ouvrages.

« Elle se situe dans la constellation du Bélier. Elle y restera jusqu'en mai 2024. Ensuite, elle passera dans la constellation du Taureau. »

Pour trouver Uranus, il fallait trouver Mars. C'était la règle. Mais c'était long et fastidieux. Maman y passait des heures, s'acharnait. Lorsqu'elle parvenait à localiser la planète, mon excitation était en grande partie retombée. Je m'étais mis à sucer mon pouce, à rêvasser à autre chose, parfois je m'étais même assoupi dans les bras de Papa.

« Ça y est », disait Maman.

Alors, Papa me portait et plaçait mon œil devant la lentille. Je devais être attentif à ne pas faire bouger l'objectif, car, sinon, il fallait à Maman de nombreuses autres minutes pour retrouver Uranus.

« C'est ça ? »

Je fus bien déçu la première fois que je découvris Uranus. Un petit point bleuâtre dans le ciel noir. Une lueur diffuse, tirant presque sur le blanc. Moi qui m'attendais à découvrir la mer, les contours des banquises, les vingt-sept lunes…

« C'est nul », déclarai-je.

Nous n'avions que du matériel d'amateur…

« Mais au moins, quand je serai là-bas, tu pourras demander à Papa d'installer le télescope. Tu verras le point bleu dans le ciel et tu sauras que je suis là-bas. Ce sera presque comme si je t'envoyais un baiser et te disais "je t'aime grand comme l'Univers" avant de dormir. »

Un haussement d'épaules boudeur. Cela ne me semblait pas si réjouissant de fixer un point flou en l'absence de Maman. Je ne savais pas encore avec quelle obsession je m'userais les yeux sur ce fichu télescope, le cœur lourd, la peau morte de n'être plus caressée par Maman. Avec quelle rage ce point bleu deviendrait ma quête quotidienne, l'attente interminable de chaque journée, ma respiration. Maman savait. C'était pour cela qu'elle s'acharnait à m'offrir ça : un point. Un minuscule point bleu dans l'Univers auquel me raccrocher, envoyer mes souhaits, raconter mes rêves, mes journées, confier mes larmes, mes regrets, des gros mots, des reproches. Un minuscule point bleu à qui hurler que c'était trop long, que le ciel pouvait bien être noir et les oiseaux disparaître, le tableau de l'Univers pouvait bien s'effacer, du moment que j'avais Maman auprès de moi. Un minuscule point bleu qui résonnait comme les « je t'aime grand comme l'Univers » de Maman, mais il manquait sa voix, son parfum fleuri dans son cou, et la sensation de sérénité absolue qui m'envahissait quand elle caressait mes cheveux.

Maman s'acharnait donc à me montrer Uranus. Elle déclarait : « Ce n'est pas grave si tu pleures quand tu regarderas Uranus au télescope. Au contraire. Tu feras pousser encore plus fort l'arbre à musique. Les larmes renforcent les racines. Il paraît que les mélodies à venir n'en sont que plus mélancoliques et plus pures encore. »

Maman disait cela entre deux respirations saccadées. Elle avait du mal à parler. Elle s'essoufflait. Mais ses mots ne perdaient rien de leur magie. Au contraire. Plus elle approchait de l'obscurité, plus elle devenait lumineuse.

15

Présent

La péridurale commence à faire effet. Anita s'est détendue. Je le vois à sa posture. Elle se laisse aller au fond de son lit. Son visage se relâche. Elle est sur le point de s'assoupir, mais elle lutte pourtant pour garder les yeux ouverts.

« Je ne veux pas rater ça, se justifie-t-elle.

— Je te rassure, tu ne risques pas de le rater. Il me semble que tu as une participation active à tenir dans le processus. »

Elle sourit, secoue la tête.

« Tu sais ce que je veux dire…

— Repose-toi.

— Je ne veux pas louper une seule minute de ça. Elle progresse, tu sais. Chaque minute qui passe, chaque contraction, elle avance, elle se fraie un chemin, elle se bat pour aller vers la lumière, vers la vie. Je ne peux pas juste dormir pendant qu'elle fait tout ça. »

J'ai du mal à retenir un élan de tendresse. Je me penche sur elle, l'embrasse sur le front. Elle ferme les yeux.

« Tu as le droit de t'assoupir quelques instants. De reprendre des forces. C'est toi qui vas devoir la guider après. »

Anita est têtue. Je sais avant de parler que je ne parviendrai pas à la convaincre. Je l'aime pour ça, aussi. Pour un milliard de raisons dont celle-ci : son obstination. Je pose une main sur son ventre, dur, tendu. Cette même peau sous laquelle j'ai senti des dizaines de coups sans pleinement réaliser que se cachait là-dessous un petit être. Un vrai humain. Une vie de chair et de sang. Encore cette nuit, c'est abstrait. Il y a tant de choses qui se mêlent…

« On est toujours d'accord sur le prénom ? interroge Anita en me scrutant avec inquiétude.

— Bien sûr. Pourquoi ? Tu en doutes ?

— Moi, non. »

Elle me fixe étrangement. La drogue lui donne le regard un peu flou, somnolent.

« Capucine, c'est doux. C'est délicat, lui assuré-je. Je te l'ai toujours dit. »

Au vu de la passion d'Anita pour les fleurs, nous ne pouvions que choisir un prénom évoquant ses fragiles pétales tant aimés, gorgés de soleil, parsemés de rosée, subtilement parfumés. J'aimais Rose, pas Iris. Elle détestait Violette, n'était pas certaine d'Hortense. Nous sommes tombés d'accord sur Capucine. Nous le murmurions déjà dans l'obscurité.

Anita ferme les yeux. Ses paupières tressautent. Sur le monitoring, les chiffres grimpent, indiquent des contractions de plus en plus fortes. Heureusement, l'anesthésiant fait son travail, son visage reste serein.

« Dors », soufflé-je.

Elle tente de dire quelque chose. Sa bouche s'entrouvre, mais elle abandonne. Une de mes mains est posée sur son ventre, l'autre derrière sa nuque, elle sent qu'elle peut s'autoriser à lâcher prise.

J'entends sa respiration devenir plus lourde, plus profonde. L'écran du monitoring indique une heure vingt-deux du matin. Les yeux me piquent, mes épaules s'alourdissent, mais je sais que je resterai fermement éveillé, étrangement vif et alerte, chaque seconde de cette nuit.

Car quelque chose me retient, bourdonne dans ma tête, assourdit mes pensées. Le passé. Maman. Les souvenirs. Mon enfance, que j'ai crue si longtemps derrière moi, se redessine sous mes yeux, cette nuit, tandis que je m'apprête à devenir parent. Comme si le petit Arthur qui se tenait face à son télescope et insultait l'Univers était toujours là, tapi en moi, meurtri, cherchant à me parler. *Ne fais pas comme elle. Ne mens pas. N'invente pas d'histoires. Sois franc et transparent avec Capucine. Les arbres à musique n'existent pas, pas plus que les escargots polaires. Ça fait mal, tu sais, si mal de réaliser que son enfance a été bâtie sur des affabulations. Tu te souviens, devant ce gâteau d'anniversaire ? Tu te souviens de cette douleur cuisante, cette humiliation, cette colère ?*

Un léger ronflement s'échappe de la bouche d'Anita. Je me poste à la fenêtre. Face au ciel. Elle dort sereinement, reprenant des forces avant le combat final. Comme Maman vingt-trois ans en arrière. Comme Maman avant son départ pour Uranus, quand elle a déclaré :

« *Je vais devoir entrer en hibernation, Trésor.* »

16

Le jour où Maman est entrée en hibernation

Un matin de septembre, on fit livrer un lit métallique à la maison. Un lit à roulettes avec une perche au niveau de la tête. Le monsieur, à la porte, lança :

« C'est pour vous ? Clarisse Duchemin ? »

Maman acquiesça, signa le papier. Cassie était là aussi. Ce fut elle et le monsieur qui firent rouler le lit jusqu'au salon. Il y avait toujours quelqu'un avec Maman et moi désormais : Papi, Mamie, Cassie ou Papa, le soir. Je n'avais pas demandé pourquoi. J'aimais avoir de la compagnie. Cela me paraissait naturel et normal.

« C'est quoi ? »

Dans le salon, Maman et sa machine à oxygène étaient assises dans un fauteuil. Le monsieur déroula un câble coincé entre deux lattes du lit, le brancha à une prise, brandit une minuscule télécommande. Il appuya sur des boutons qui firent se redresser des parties du lit : la tête, le milieu, les pieds.

« Là, c'est pour les genoux. Là, c'est pour rehausser les pieds. Vous voyez ? »

Cassie acquiesçait. Maman regardait ailleurs, par la fenêtre, comme si tout cela l'ennuyait profondément. La mécanique du lit produisait un bruit de robotique. Je me mis à tourner autour du monsieur et de Cassie en imitant les mouvements saccadés d'un robot. Je guettai Maman pour vérifier si elle souriait, mais elle n'était pas vraiment là.

« Je vais chercher le matelas, je reviens », indiqua l'homme.

Il disparut. Je me plantai devant Maman, l'obligeai à me regarder.

« C'est quoi ?

— Un lit spécial.

— Spécial pour quoi ?

— Spécial pour moi. »

Ça ne suffisait pas, bien sûr. Cassie tenta de faire diversion.

« Hé, regarde, tu veux essayer, Arthuro ? Assieds-toi et je te promène dans le salon ! »

Mais je continuai de fixer Maman.

« Attends que le monsieur s'en aille et je t'expliquerai », déclara-t-elle simplement.

Ce fut dans la cuisine que Maman nous expliqua. Tante Cassie préparait un chocolat chaud. Décibel mordait dans une côtelette de porc de la veille. Maman avait une main cramponnée sur sa machine à oxygène, une autre qui m'entourait. J'étais perché sur ses genoux.

À travers la fenêtre de la cuisine, je pouvais apercevoir ma butte, le tipi qui avait commencé à s'écrouler, mon bâton de bois planté au sommet et les premières feuilles vertes de mon arbre à musique qui étaient sorties de terre.

« Alors, voilà, la saison des naissances sur Uranus arrive tout doucement et je dois préparer mon départ.

— Quand ?

— Je ne sais pas. Dans quelques semaines. Je ne peux pas être plus précise. »

Elle fit une pause. Tante Cassie coupa le gaz. Je ne voyais toujours pas le lien avec le super-lit robotique de Maman, mais elle y vint :

« Je suis prête, je me suis beaucoup entraînée à dessiner. Mes compétences sont correctes. Le seul problème maintenant, c'est que je vais devoir travailler nuit et jour sur Uranus.

— La nuit ? Pourquoi ?

— Tu crois que le ciel fait une pause la nuit ? Que nenni ! Il faut faire apparaître des étoiles, en faire disparaître d'autres, ajouter un nuage ou deux pour passer devant la lune, la lune, parlons-en, il faut la faire monter, descendre, puis préparer activement le lever de soleil, ses nuances, ses dégradés. Bref, c'est un boulot de tous les instants. Tout le temps que je serai là-bas il me faudra travailler jour et nuit alors… »

Cassie se mit à verser le chocolat chaud dans les tasses.

« Alors, je dois me reposer. Et même plus encore. Je vais devoir entrer en hibernation. Comme les animaux l'hiver. Dormir profondément de façon à générer d'immenses réserves d'énergie.

— Pourquoi tu dors pas dans ton lit normal ?

— Parce que ce n'est qu'un lit normal, pardi ! Tu as vu celui-ci ? Il est relié à une prise électrique. Par le câble circule de l'énergie super nucléaire. Une heure de sommeil sur ce lit super nucléaire équivaut à un an de sommeil ! »

Je m'attendais à voir Cassie ouvrir de grands yeux comme moi, mais elle me tournait le dos, observait le jardin.

« Je vais devoir me reposer de plus en plus souvent dans ce lit, Trésor. Tu pourras venir t'allonger à côté de moi si tu veux.

— Et j'aurai des super-pouvoirs ?

— Mmm… peut-être.

— Des super-pouvoirs nucléaires ? »

Maman ne répondit pas, elle se contenta de déposer un baiser dans mes cheveux.

À compter de ce jour, comme Maman l'avait prédit, elle passa la plupart de son temps dans son lit super nucléaire d'hibernation, au milieu du salon. Parfois, elle dormait, mais pas toujours. Souvent, elle écoutait de la musique et dessinait, son carnet à croquis posé sur ses genoux. Je la soupçonnais de dessiner également la nuit quand Papa et moi dormions à l'étage. Le tas de feuilles grossissait de jour en jour. Papa le faisait disparaître au matin, mais parfois il oubliait et j'avais le temps d'apercevoir quelques croquis à côté de l'écriture de Maman avant qu'il ne s'empare du papier.

Maman devait dormir la journée, quand j'étais à l'école. Quand je rentrais, elle était toujours réveillée. Mamie me préparait mon goûter et je venais me blottir contre Maman pour avaler mes céréales, mes quartiers de poire ou mon chocolat. Tout contre elle, dans son lit super nucléaire. Elle me contait la guerre des Corbeaux Maléfiques sur Uranus, ce moment décisif où les oiseaux noirs voulurent se rebeller contre leur créateur, furieux d'avoir été créés noirs et non pas jaunes, rouges, verts comme le canari, le cardinal rouge ou la perruche. La lutte fut longue, acharnée. Les oiseaux tentèrent de pénétrer dans le palais pour crever les yeux du Gardien des Merveilles, mais les crabes enragés défendirent le bâtiment. La paix fut retrouvée quand le Gardien des Merveilles révéla aux Corbeaux qu'ils étaient parmi les animaux les plus intelligents de l'Univers, les plus grands stratèges parmi les oiseaux. Voilà qui était beaucoup plus utile qu'une robe de couleur. L'armistice fut signé et une statue érigée en cette occasion dans la cour du palais : elle représentait un homme en marbre noir, la main tendue vers le ciel, et un corbeau en granit blanc, posé au bout de son index, dans un signe de réconciliation.

Quand elle était trop épuisée pour parler, quand elle devait hiberner davantage, Maman s'assoupissait et je faisais comme tous les petits garçons du monde : je jouais aux voitures, j'assemblais des Lego, je gribouillais des feuilles, mais je le faisais au bout du lit de Maman.

Quand Papa rentrait, il disait :

« Laisse Maman se reposer, Arthur. Va jouer en haut. »

Et Maman ouvrait un œil comme par magie, comme si elle ne dormait jamais vraiment. Elle disait dans un souffle :

« Non. Laisse-le avec moi. »

Si une larme coulait sur la joue de Maman à ce moment-là, elle me demandait de la recueillir et de la déposer au pied de l'arbre à musique. Il paraît qu'elle pleurait pour ça : pour créer des musiques plus belles, plus pures, plus mélancoliques encore.

17

Présent

Quelques coups frappés à la porte me font sursauter. Je me retourne. Une jeune femme en blouse blanche, un porte-documents sous le bras, passe la tête timidement.

« Bonsoir, je viens voir où cela en est. »

Dans le lit, Anita se redresse péniblement. Elle a les yeux gonflés, la mine défaite.

« Je me suis endormie ? »

J'acquiesce en souriant. La sage-femme se poste devant le monitoring tout en l'interrogeant :

« Tout va toujours bien ?

— Oui. »

L'écran indique deux heures deux et des contractions qui semblent se rapprocher. La jeune femme brune à la peau diaphane relève quelques chiffres qu'elle note sur son calepin puis enfile ses gants.

« Je vais inspecter le col.

— Je reviens, je vais faire un tour… »

Je préfère laisser à Anita son intimité pendant l'auscultation, et puis j'ai besoin de me dégourdir les jambes. Dans le couloir, plus de fenêtres, plus de ciel à contempler, plus d'étoiles. Rien que du blanc. Je me dirige vers la machine à café, prends place sur une des chaises qui lui font face, sors mon téléphone de ma poche. Papa m'a écrit. Un bref message reçu à minuit et demi : *Tout va bien ?*

Je suis incapable de répondre. Je ne sais pas ce qui me prend, mais je me sens fébrile, faible, légèrement nauséeux. Je songe que c'est probablement dans un couloir comme celui-ci que Papa a attendu, le jour du départ de Maman. Devant une de ces machines à café qu'il a tenté d'étouffer son chagrin, de ravaler sa douleur, pendant que je lançais des cailloux dans le lac de Paon, à des centaines de kilomètres de là, à des milliers d'années-lumière de ce qui se passait vraiment. Cassie criait :

« *Plus loin, Arthuro ! Plus loin !* »

Elle avait donné sa parole à Maman : prendre soin de moi comme de son propre fils quelles que soient les conséquences. Ça faisait partie de la promesse : m'accompagner au lac de Paon pendant que Maman rendrait son dernier soupir à l'hôpital. C'était plus important que de tenir la main de sa sœur une dernière fois ou de lui embrasser le front, mille fois plus important… Faire rire son fils, lui apprendre les ricochets, lui faire croire que la vie n'était pas en train de s'effondrer mais était bleue, comme l'eau d'un lac. Maman a dû être fière de sa sœur. Cassie a tenu promesse. J'avais ri, chanté, attrapé des têtards, fait peur aux moineaux avec Décibel, tandis que Maman mourait. Sans moi.

Je me lève brutalement. Je ne parviens plus à respirer. Une boule obstrue ma gorge. J'ai la sensation d'étouffer. Des larmes se pressent au coin de mes yeux. Je me dirige vers les escaliers de service, pousse la porte brutalement, descends les marches quatre à quatre. Un peu d'air. Quelques pas sur le parking. Étouffer mes sanglots derrière ma paume. Mordre mes poings. Prendre le petit Arthur dans mes bras. Et ensuite, ensuite seulement, rejoindre ma femme, l'accompagner dans ses derniers efforts avant l'arrivée de notre fille.

18

Le jour où Maman est partie sur Uranus et moi au lac de Paon

Le dernier jour où je vis Maman, tout mon esprit était tourné vers un seul élément : les valises. Celle que Papa m'avait demandé de boucler pour partir au lac de Paon avec tante Cassie, pour quelques jours, et celle que Maman avait ouverte sur le lit de sa chambre.

Cela faisait quelque temps qu'elle ne parlait presque plus. Elle économisait ses forces pour le grand départ, la mission, les cieux à dessiner qu'elle promettait plus beaux que ceux du Gardien des Merveilles. Chaque matin je lui préparais des listes de ce que je désirais observer : arc-en-ciel, nuages roses, pluies glacées en été, éclipses… J'aurais dû être interloqué, je suppose, de la voir devenir muette, mais cela ne me sembla pas si important. Maman et moi avions développé un langage qui se passait de mots depuis longtemps. Nous nous nichions dans le cou l'un de l'autre, cherchions à traquer nos odeurs respectives, mes yeux se rivaient aux siens, nos respirations se calquaient l'une sur l'autre. C'était cela le lien entre Maman et moi. Un lien animal, atavique, ancré dans nos chairs.

Ce fut donc Papa qui m'annonça un matin :

« Tu vas partir avec tante Cassie pour le lac de Paon. Vous resterez quelques jours là-bas avec Décibel. »

J'ignorais que la nuit avait été agitée, que Maman avait eu beaucoup de mal à respirer. Papa n'avait pas fermé l'œil. Son teint était grisâtre. Son être se disloquait de l'intérieur. Pourtant, il me monta dans ma chambre, sortit un sac de voyage de mon armoire et déclara :

« Tu es un grand garçon maintenant, tu sauras préparer ta valise ? »

Je revoyais encore le sac rouge, comme une tache de sang sur la moquette claire de ma chambre. Une anomalie. Papa passait la tête par l'entrebâillement de temps en temps.

« Tu y arrives, fiston ? »

Dans sa chambre, celle qu'il partageait avec Maman avant, avant le lit super nucléaire et l'hibernation, se trouvait une autre valise. Une valise de grand. Carré. Noire. Posée grande ouverte, béante, sur leurs draps. Comme une gueule menaçante. Maman était là, allongée sur leur lit. Une dernière fois. Papa l'y avait portée. Elle respirait les draps comme si elle cherchait à s'imprégner de leur parfum. Elle tapota l'oreiller pour que je la rejoigne. Tout avait changé chez Maman ces derniers temps : son teint était plus livide que jamais, ses cheveux rêches et secs, ses bras décharnés, ses épaules saillantes. Une seule chose était identique : son regard. Ses yeux pétillaient. Ils pétillaient tant que je ne remarquai pas à quel point prononcer des mots lui semblait difficile :

« Qu'est-ce que tu porterais si tu devais partir sur Uranus, Trésor ? »

J'observai Papa qui entassait quelques pyjamas en coton, un pull en laine, un jean en stretch.

« Pas ça. »

Je commençai à sortir les affaires de la valise. Papa voulut protester, mais Maman l'arrêta d'un geste de la main. Juché sur la pointe des pieds, je décrochai des cintres, vidai des tiroirs, dépliai, jetai. Minutieusement, avec application, j'entrepris de choisir ce qui me semblait le plus évident si je devais partir en mission sur Uranus : un anorak à la capuche en fausse fourrure, une veste polaire que Maman portait en hiver, des chaussettes en laine, un bonnet fourré, une écharpe, une paire de gants, des collants à porter sous des pantalons… Papa me laissa faire. Maman approuva à tout, d'un signe du menton.

Je l'ignorais alors, mais c'était le détail qui resterait de cette dernière journée avec Maman : les valises que l'on ferma, que l'on déposa dans le couloir, puis que Papa descendit. Mon petit sac rouge avec un maillot de bain et un pyjama, rien d'autre. La valise de Maman avec ses tenues de ski.

C'était une belle journée de fin septembre. Pas une journée d'automne mais une belle et chaude journée de fin d'été.

Papa m'annonça que Cassie viendrait me chercher avant midi, qu'il faudrait être sage en voiture. Maman exigea d'aller se poser sur ma butte, en l'attendant.

« Sur la butte, vraiment ? »

Papa semblait embêté. Grimper la butte avec Maman toute frêle dans les bras, sans la brusquer, sans trébucher…

Maman voulait être là-haut avec moi. Avec Papa. Pour laisser tomber ses larmes sur la terre. Pour nourrir l'arbre à musique. Pour toucher une dernière fois du doigt le bonheur avant son départ. C'était ça, être une famille, attendre tous les trois sur une butte et se serrer la main très fort.

« Quand tu reviendras, demandai-je à Maman, est-ce que l'arbre à musique chantera ?

— Peut-être. »

Nous étions sous le tipi branlant. Il ne tarderait pas à s'écrouler.

Comme tout après le départ de Maman : Papa, le jardin, le sourire de Mamie…

Maman caressa mes cheveux, embrassa mes doigts, chatouilla mon cou. Quand nous entendîmes la voiture de tante Cassie qui approchait, je me levai d'un bond et dévalai la pente. Décibel jappait. Je criai, sautai. Il fallut une éternité à Papa pour descendre Maman, la déposer sur un fauteuil du salon de jardin avec sa machine à oxygène. Elle tenait dans ses mains le livre de ma vie qu'elle me tendit. L'un de ses derniers mots fut :

« Tu en prendras soin, hein ? » Puis : « Viens. »

Le baiser de Maman dura une éternité. Elle respira ma peau, mes cheveux, serra mes bras, mon dos, me fit mal. Je m'impatientai. Je voulais jeter des bâtons à Décibel, le faire courir dans le jardin.

Ce matin-là, je ne notai pas la mine effroyable de tante Cassie, ses yeux injectés de sang, les sanglots des deux sœurs. Elles furent discrètes, parfaites, dignes jusqu'au bout. Je voulus déposer mon sac moi-même dans le coffre, embrassai Papa si furtivement que mon baiser claqua dans le vide. À Maman j'envoyai des signes de la main par la fenêtre ouverte de la voiture en criant :

« À dimanche ! »

Dimanche, je ne savais pas ce que c'était : ni que c'était le dernier jour de la semaine, celui du Seigneur, ni que dimanche c'était déjà demain, que Cassie ne me ramènerait pas avant le mercredi. Je savais juste que c'était un jour où les enfants étaient avec leurs parents, le dimanche. Dimanche, c'était les retrouvailles, la famille, c'était Papa, Maman et moi à la maison, les yeux collés, l'odeur du café dans la cuisine, les pantoufles chaudes, la radio qui chantait jusqu'au soir.

En guise d'adieu à Maman, je criai donc : « À dimanche ! » et cette phrase me hanta tout le reste de mon enfance. Maman me rendit mon geste de la main. Elle disparut et avec elle Papa et la maison. Mon esprit tout entier fut tourné vers le chalet du lac de Paon et les deux barques.

Par la suite, quand la terrible réalité s'imposa à moi, je cherchai de tout mon être à oublier le souvenir de ces cinq jours au lac de Paon. Ces vacances improvisées qui ne m'avaient pas étonné. Cette parenthèse bleue pendant laquelle Maman se mourait seule sans moi. Par culpabilité. Par honte. Je m'efforçai d'oublier mes cris de joie quand je courais derrière Décibel, mes pieds dans l'eau fraîche, les diabolos grenadine sur la terrasse, mes encouragements à tante Cassie qui pagayait péniblement, les coups de langue de Décibel qui me faisaient rire aux éclats, les galets ramassés avec soin sur le rivage, lancés avec insouciance comme autant de promesses de bonheurs à venir. Je refoulai ces images, me mis à les haïr : la sensation de la main de tante Cassie dans la mienne, la nuit, la petite pluie qui tombait le lundi matin quand tante Cassie m'annonça que Maman avait décollé pour Uranus à l'aube. Elle l'avait découvert via un message vocal au lever. Elle partit faire le tour du lac toute seule en me demandant de surveiller Décibel, de ne pas quitter le chalet. J'observai longuement son dos qui s'éloignait. Un dos qui me paraissait triste. Moi je cherchai dans le ciel des traces de la fusée. Je repérai quatre traînées différentes et je ne sus pas laquelle menait à Uranus.

Une lettre m'attendait à la maison à notre retour, le mercredi en fin de journée. Une lettre tendue par un Papa déboussolé, qui ne portait pas de chemise à carreaux mais un drôle de costume noir, comme s'il revenait d'un mariage. Une lettre de Maman pliée dans une enveloppe entièrement peinte en bleu avec des nuages roses.

Les caractères avaient été tracés au stylo argenté, les mêmes paillettes cendrées que sur la coquille de l'escargot polaire. Ce ne serait que la première missive d'une longue série. Toutes appliquées, ornées de dessins. Ce fut Papi qui me la lut. Papi tout petit, tout voûté et tout gris dans un costume anthracite. J'étais certain que la pluie, ce matin-là, c'était de sa faute à lui, encore une fois. Papi fut le seul à être capable de me lire les mots de Maman ce jour-là. Pendant que les trois autres quittaient la pièce, il endossa péniblement et courageusement ce rôle.

Mon très cher Trésor,

Étoile de mes nuits,

C'est le grand jour. Le Gardien a envoyé un Corbeau supersonique voyageur pour m'annoncer qu'il jetait l'éponge. L'arthrose a eu raison de lui. Je suis si excitée de me voir remettre le Grand Pinceau de l'Univers ! J'en ai le cœur qui palpite ! Tu te souviens, tu disais que le cœur qui battait à tout rompre, c'était comme le bruit d'un cheval au galop. Aujourd'hui, mon cheval il court très vite, il détale à toute vitesse !

Demande à Papa de te régler le télescope ce soir, j'essaierai de vous faire coucou depuis la tour la plus haute du palais. En plissant les yeux, tu arriveras peut-être à m'apercevoir !

Je t'aime à l'infini.

Maman.

La faiseuse d'étoiles.

19

Les lettres de Maman

Pendant deux longues années, mon quotidien tourna autour de la boîte aux lettres et des courriers de Maman. Je guettais l'arrivée du facteur, ravalais mes larmes devant les prospectus et courriers officiels. Les lettres de Maman n'arrivaient jamais par le facteur. Pourtant, elles se trouvaient toujours dans la boîte aux lettres à la peinture noire écaillée. Comment faisait-elle ? Sans doute utilisait-elle le vent pour porter ses courriers ou une étoile filante. Elles étaient glissées pendant la nuit. Les enveloppes étaient toujours colorées, vives, joyeuses. Peintures, dessins, découpages, collages.

Maman s'appliquait pour m'écrire. La première que Papa et moi reçûmes arriva une nuit de pleine lune. Elle était estampillée d'un petit rond rouge à l'intérieur duquel était écrit : *Bureau de poste d'Uranus*. À côté du tampon, Maman avait dessiné un palais aux mille tours en stalagmites dont une dominait toutes les autres. Celle en haut de laquelle Maman nous faisait signe chaque soir. Je n'étais pas certain de l'avoir aperçue, même en plissant les yeux de toutes mes forces. Mais il m'avait semblé voir clignoter Uranus une fois ou deux. De l'enveloppe, ce jour-là, s'échappa un filet de sable vert. Un vert intense. Canari. Comme de la poudre de craie qu'on aurait écrasée.

La lettre disait :

Mon très cher Trésor,

Étoile de mes nuits,

Je me suis tellement reposée ces derniers temps dans mon lit super nucléaire que je déborde d'énergie. Je peins nuit et jour sans relâche.

Aimes-tu mes cieux ?

La planète Uranus est merveilleuse, plus encore que je ne l'imaginais. Le froid est doux, la brume qui se lève le soir et ne disparaît qu'au matin est parfumée, d'un goût qui change chaque jour. Si on ouvre la bouche pour saisir les gouttelettes de condensation, on peut téter des particules de banane, de barbe à papa, de madeleine ou de poire. L'autre jour, c'était du citron ! Je ne m'y attendais pas, je te laisse imaginer ma grimace !

La vie au palais c'est… je ne trouve pas les mots… grandiose ! Il y a mille tours et mille chambres ! Je peux en changer chaque soir ! Ma chambre préférée se situe en haut de la plus haute tour, celle où je vous salue chaque jour. Le lit est en forme d'étoile, le baldaquin en mousseline blanche, les oreillers ont la texture du chamallow. Le toit est en glace, transparent, et je peux admirer le ciel et ses lunes quand je m'y repose.

Je ne m'ennuie pas. J'ai des assistants pour m'aider dans mon travail : des hermines à la fourrure d'un blanc pur. Elles mélangent les poudres, nettoient les pinceaux, m'apportent à boire et à manger. Elles viennent s'enrouler autour de mon cou quand elles veulent piquer un petit somme.

J'ai tant et tant d'autres choses à te raconter, mais je te laisse la surprise pour les prochaines lettres ! Tu trouveras au fond de l'enveloppe du sable polaire. Il est extrêmement rare d'en trouver. Il faut creuser sous la glace à des endroits bien précis : là où poussent les edelweiss des banquises (elles sont blanches et argentées, extrêmement difficiles à rencontrer). C'est le Gardien des Merveilles qui m'en a déniché, pour toi. Il ne travaille plus, mais il a décidé de passer sa retraite sur Uranus, au palais, avec moi. Le soir nous jouons à la belote, mais il est très mauvais perdant…

Tu peux demander à Papa de mettre le sable dans une fiole qu'on déposera sur ta table de nuit. J'ai déposé sur chaque grain un baiser, ainsi, dans la fiole, se trouvent des centaines de milliers de mes baisers.

Je t'aime à l'infini.

Maman.

La faiseuse d'étoiles.

C'était une des rares lettres qui avaient survécu à mon incendie meurtrier. Pour cause, elle se trouvait encore pliée en quatre sous la fiole de sable polaire, dans ma chambre d'enfant que Papa avait gardée intacte malgré les années, malgré l'installation de Marie chez lui. Je supposais qu'elle s'y trouvait toujours. Papa n'avait rien osé toucher de mon univers d'alors. Comme si une partie de moi était restée bloquée là, quelque part dans l'enfance, dans cette ignorance dans laquelle ils avaient cherché à m'enfermer au lieu de me laisser affronter la vérité et grandir.

Le 25 décembre de cette année, il y eut une enveloppe remplie de paillettes dorées.

Mon très cher Trésor,

Étoile de mes nuits,

Une étoile s'est posée sur Uranus en ce matin de Noël et a éternué, envoyant voler partout autour des poussières d'étoiles. Elles sont en or, extrêmement précieuses. Prends-en soin.

Ce midi, c'est le Gardien des Merveilles qui va cuisiner pour le banquet. Une salade de persil polaire, agrémentée de poireaux et de spaghettis des mers. Il n'a pas son pareil pour cuisiner les légumes d'ici. En dessert nous aurons de la chantilly à la noix de coco. On en fabrique en ramassant l'écume de la mer d'Uranus et en la faisant monter en neige.

Je ne te l'ai pas dit ? Il s'appelle Hubert.

J'espère que le repas de Noël avec Papi, Mamie et tante Cassie se passera bien.

Je vous embrasse tous, vous me manquez.

Maman.

La faiseuse d'étoiles.

Il y eut les lettres à chaque rentrée scolaire, chaque anniversaire, chaque événement important. Voilà à quoi Maman s'était occupée ces derniers mois quand la maison dormait : écrire une centaine de lettres, de quoi traverser les années à mes côtés. Le temps que dureraient l'enfance et mon innocence.

Ce furent des mois difficiles. Des mois de vide dans la poitrine, de larmes au fond de la gorge, de « Maman » que j'aurais voulu hurler mais que je ravalais douloureusement. Maman devait le savoir, forcément. Elle devait observer mes terreurs nocturnes, mes caprices terribles, mes gros mots contre l'Univers, contre Papa, Papi, Mamie, mes pipis au lit. Les lettres arrivaient toujours aux moments les plus opportuns. Quand le chagrin et le manque devenaient insoutenables. Quand je me réveillais en pleurs la nuit et que je rejoignais Papa dans son lit. Il me disait :

« Couvre-toi, je vais te faire un verre de lait chaud. »

Parfois, il revenait de la cuisine sans le lait, comme s'il avait totalement oublié, mais avec quelque chose qui brillait dans le regard.

« On devrait aller voir à la boîte aux lettres », disait-il.

Alors, nous enfilions un gilet, des chaussures et nous poussions la porte d'entrée. Je reniflais sur le petit chemin de graviers qui menait à la boîte aux lettres. De la buée sortait de la bouche de Papa. Nous regardions le ciel, cherchant inconsciemment

Uranus. C'était comme un pèlerinage. Nos cœurs lourds. Mon espoir qui faisait courir un cheval au galop dans ma poitrine. La grosse main rêche de Papa dans la mienne.

Il me lisait la lettre sur le perron, avec la petite ampoule qui clignotait. Je n'avais pas la patience de me déchausser, d'attendre que nous rejoignions la chambre. Et puis, en lisant les lettres de Maman dehors, sous la voûte étoilée, je parvenais à me persuader qu'elle pouvait nous entendre et nous observer. Qu'elle nous envoyait des baisers.

À l'été suivant, l'arbre à musique avait atteint ma taille. Les feuilles s'étaient déployées. Absolument pas les parchemins jaunis dont Maman m'avait parlé. De simples feuilles vertes et nervurées, tout ce qu'il y avait de plus commun. Ce furent les premières graines du doute dans mon esprit.

20

Le jour où Maman est morte pour de vrai

Pour mes sept ans, Papa invita chez nous Papi, Mamie, Cassie et ses propres parents : Papé et Mamé qui avaient tous les deux les cheveux gris et bouclés, et qui firent le déplacement depuis Saint-Nicolas-de-Véroce.

Nous étions début avril. Les premiers bourgeons se formaient dans les arbres. Décibel venait de mourir. Une tumeur au cerveau. Tante Cassie était arrivée dans la matinée, seule.

« Il est au ciel. Il ne reviendra pas. »

Elle avait tenté péniblement de m'expliquer qu'on avait mis Décibel dans une boîte chez le vétérinaire avec ses jouets, son collier et qu'on avait enterré sa boîte dans le jardin de Papi et Mamie, sous le cerisier.

Tante Cassie avait coupé ses cheveux. Elle vivait maintenant avec un garçon qui s'appelait Simon et qui venait parfois déjeuner à la maison mais pas toujours. Elle était tatoueuse pour de vrai, dans un salon qui ressemblait à un salon de coiffure mais où les « coiffeurs » avaient tous le crâne rasé et des piercings dans le nez.

« Il reviendra jamais ?

— Qui ?

— Décibel.

— Non. »

Papa avait commandé un gâteau réalisé par une spécialiste du cake design : un gâteau à la mousseline et aux fruits rouges recouvert d'un glaçage caramel, en forme de renard. Ma nouvelle passion : les animaux. Je me destinais à devenir vétérinaire ou soigneur animalier. Cassie l'avait aidé à dresser la table et à la décorer de petites paillettes qui me faisaient étrangement penser à la poussière d'étoiles. Tout était parfait, jusqu'à la lettre pliée en quatre, gardée précieusement dans la poche de mon pantalon. Papa et moi l'avions trouvée le matin même à notre réveil, dans la boîte aux lettres. Une lettre entourée de petites plumes blanches.

Mon Trésor,

Aujourd'hui, tu as sept ans. Sept années sur cette terre. Sept années de découvertes et d'émerveillements. Les bouquins pour adultes, tous ennuyeux, que je consultais pendant ma grossesse disaient qu'à sept ans l'enfant quitte « la petite enfance » pour entrer dans « l'âge de raison ». Tu veux mon avis, Trésor ? Ne le fais jamais !

Croise les doigts quand tu souffleras tes bougies tout à l'heure. Ça conjurera le sort. Tu pourras rester bien au chaud dans l'enfance, continuer de sauter sur ton lit, dans les flaques d'eau, de joie, à saute-mouton. Croise les orteils aussi... On ne sait jamais !

En cette journée spéciale, quelques harfangs des neiges se sont posés sur mon balcon, au dernier étage de la plus haute tour. Ils ont laissé quelques plumes derrière eux, que voici.

Garde-les précieusement avec les autres trésors d'Uranus déjà reçus.

Tu me manques à l'infini.

Maman.

La faiseuse d'étoiles.

Papi portait un pull bleu ciel ce jour-là. Aucun risque qu'il ne décolore cette journée. Le temps était radieux. Ce fut Mamie qui alluma les bougies et les plaça sur mon gâteau renard. Cassie sortit son téléphone portable pour immortaliser l'instant. Mamé et Papé s'avancèrent sur leur chaise pour mieux m'observer. Je m'apprêtais à croiser les doigts dans mon dos, comme Maman me l'avait indiqué, quand la chose se produisit. Comme un grondement de tonnerre dans ma tête. Comme un refus de rester dans l'enfance. Une urgence. Un affolement. Une envie impérieuse d'en avoir le cœur net. Les flammes dansaient. Mamie attendait, tout sourire :

« Alors, mon petit moineau ? Tu ne souffles pas ? »

Les mots sortirent, ceux qui allaient tout changer, m'éloigner à jamais de Papa :

« Maman n'est pas sur Uranus… ? »

Cela ressemblait à une question et à une prière à la fois. Je ne savais pas ce que je désirais réellement : la vérité ou le mensonge. Le mensonge encore un peu. Encore quelques années.

« Quoi ? » bafouilla Papa.

Papé et Mamé étaient bredouilles, gênés. Ils fixaient les bougies. Papi tout courbé inspectait ses ongles. Papa était blanc. Blanc comme de la farine. Ma voix poursuivit :

« Maman est morte. Comme Décibel. »

Cette fois, ce n'était plus une question. La déflagration fut silencieuse mais non moins violente. Mamie plaqua sa main contre sa bouche, étouffa un hoquet. Ce fut le seul bruit. Les autres restèrent muets. Seuls les oiseaux chantaient, au loin.

« Maman est dans une boîte sous terre comme Décibel. »

Cassie laissa tomber son téléphone portable sur la table avec des gestes lents, puis elle posa une main sur l'épaule de Papa qui avait rétréci de plusieurs centimètres, vieilli de plusieurs années. Ce fut elle qui s'y colla. Comme le jour de sa mort. Cassie fut notre roc, une fois de plus.

« Oui, mon amour. Oui, Arthuro. Ta maman est morte. »

Elle ne chercha pas à me tromper, à enrober les choses avec des mots plus doux. Ta maman est partie. S'est éteinte. Est décédée. S'est envolée. Elle prononça le mot glacial : *morte* et c'était précisément ce dont j'avais besoin.

Elle s'avança vers moi, m'entoura de ses bras chauds, de ses bras de géante de pierre, mais je la repoussai. Je les repoussai tous en criant :

« Bande de menteurs ! Je vous déteste ! »

On ne me vit pas partir. J'avais déjà détalé quand ils se mirent en mouvement. Je ne soufflai pas mes sept bougies. On découpa le gâteau, plus tard, au milieu des silences et des reniflements. On le dégusta sans faim, en se forçant. Je n'eus jamais sept ans. Pas besoin de croiser les doigts ou les orteils. Une partie de moi resta bloquée en enfance à jamais. Ce jour où Maman mourut vraiment.

Papa ne trouva pas les mots cet après-midi-là. Il ne les trouva pas non plus par la suite. Ce fut ce qui nous perdit. Cassie me parla. Cassie et un petit peu Mamie, quand elle ne faisait pas couler des traces bleues, vertes ou violettes sur ses joues. Une maladie. Très grave. Les docteurs ne pouvaient rien faire de plus. Elle est morte en dormant. En rêvant. Elle n'a rien senti. Plus tard dans le printemps, on m'emmena voir sa tombe. Un bloc de pierre blanc au milieu d'autres blocs alignés. Sur la pierre, des plaques. Quelques fleurs. Une photographie de Maman en été. Ses cheveux ressemblaient à des flammes. Sa peau était rose. Sous son menton, il y avait un crâne chauve de bébé.

« Parce que Clarisse sans Arthur, ce n'est pas vraiment Clarisse. Tu le sais ? C'est elle qui a choisi ce cliché. »

Mamie pleurait dans mes cheveux. Cassie embrassait mes épaules. Moi, je restai hébété face à la pierre, face à la photo. Ça ne me paraissait pas plus réel qu'Uranus, les arbres-cerfs, le palais de glace, le grand tableau de l'Univers.

Papa ne parvint pas à trouver les mots, mais il continua à distribuer les lettres, à les faire parvenir dans la boîte rouillée. Plus rien n'était pareil cependant. Il ne me les lisait plus. J'avais appris à lire. Et puis je le détestais. Je faisais mine de les jeter sans les ouvrir, dans la corbeille à papier de ma chambre. Le soir venu, j'allais les récupérer.

Je les lisais à la lueur de ma lampe fusée, suçant de toutes mes forces mon pouce, tentant d'invoquer le souvenir de l'odeur fleurie de Maman.

Les lettres s'entassèrent dans mon armoire, derrière mes vêtements. Les trésors continuèrent de garnir mon bureau d'enfant malgré la colère. Malgré la réalité que je connaissais désormais.

Et puis j'eus quatorze ans. Une vulgaire dispute avec Papa à propos d'un mensonge par omission. Une convocation chez le proviseur. Une signature imitée. Ce soir-là, je le regardai devenir tout rouge dans la cuisine, postillonner. Ses cheveux avaient grisonné. Son visage s'était durci. Il y avait plus de rancœur que d'amour entre nous. Je songeai qu'il ne lui restait que cela : les remontrances et l'autorité. C'était sa seule façon de communiquer. Tout ce qu'il nous restait.

Alors, je me mis à crier à mon tour. Je hurlai des atrocités, des accusations, des reproches. Je vomis ma colère, ma douleur. Plus rien de tout cela n'était lié à ma convocation chez le proviseur.

« C'était une sale menteuse, mais vous, vous êtes des monstres ! Vous m'avez éloigné d'elle pendant qu'elle mourait ! Vous m'avez caché sa tombe ! »

Tout y passa : les vêtements volèrent, les lettres planèrent, ma lampe fusée se brisa au sol. Papa ne chercha pas à m'arrêter. Il me laissa casser, jeter, écraser sans rien dire. Jusqu'au feu de joie dans le jardin. Un feu qui n'avait rien de joyeux, qui n'était fait que de souffrance, de détresse et de solitude. Il m'écarta avec force. Il tenta d'éteindre le brasier, de récupérer les lettres qui n'étaient pas encore consumées ou pas tout à fait. Moi, je pleurais. Je donnais des coups de poing dans l'érable argenté qui n'avait jamais été fichu de devenir un arbre à musique. Je me faisais saigner.

Plus tard, Cassie arriva, appelée par Papa, accompagnée de Simon.

Elle me prit par les épaules, me parla doucement, me proposa de m'installer chez elle pour quelques jours. Ce fut ce soir-là, dans leur minuscule salon rempli de plantes vertes, qu'elle m'annonça avec des tremblements dans la voix :

« Je suis enceinte, Arthuro. Tu vas avoir un cousin. »

Elle pleurait et je ne savais plus pourquoi : pour les lettres de Maman brûlées, pour mes poings ensanglantés, pour la solitude de Papa ou pour cette bonne nouvelle.

« Il… Est-ce qu'il bouge déjà ? demandai-je d'une voix blanche.

— Non. Pas encore. Il a la taille d'un grain de riz. »

Le grain de riz. Ce fut lui qui réussit à m'adoucir.

Aujourd'hui, Noah a quatorze ans. Il mesure un mètre soixante-quatorze et chausse du quarante-quatre. Pourtant, c'est toujours ainsi que je l'appelle : le grain de riz. On lui doit tous une fière chandelle. Il a ramené une étincelle de vie dans notre famille. Noah fait du skate, écoute du rap, a les cheveux longs et utilise des expressions qui nous font tous nous sentir très vieux. Pourtant, même avec Noah au milieu de nous tous, avec ses rimes, ses rires et ses chutes tonitruantes, le silence est resté immense entre Papa et moi.

21

Présent

L'asphalte est tiède sous mes fesses. Je suis bien ici, enveloppé par le noir de la nuit. Les quelques lampadaires plus loin créent des halos jaunâtres sur le bitume. Je me suis assis à même le sol, sous un des rares arbres du parking, ceux qui poussent encadrés de béton. Je ne vois même plus les fenêtres allumées de l'hôpital, les portes vitrées des urgences qui s'ouvrent et se referment inlassablement. Je me suis enfermé dans ma bulle. Recroquevillé sur moi-même, je respire avidement comme si cela faisait trop longtemps que je cherchais mon souffle. Le téléphone, toujours dans ma main, indique deux heures quarante-cinq. Le message de Papa, resté sans réponse, continue de me demander en vain : *Tout va bien ?*

Je me relève quand j'entends la voix qui m'appelle. Une voix de femme aux accents légèrement stressés.

« Monsieur ? Monsieur Duchemin ? »

Elle approche. Blouse blanche. Charlotte sur la tête. Elle lance à sa collègue :

« Il est peut-être passé aux toilettes. Va voir ! »

Je suis devant elles en quelques enjambées, haletant, inquiet.

« Je suis là ! C'est Anita ? Qu'est-ce qu'il se passe ?

— Suivez-nous, monsieur.

— Tout va bien ?

— Oui, mais la dilatation est presque complète. Il vaut mieux se dépêcher.

— La dilatation complète… ça veut dire… ça veut dire que…

— Que votre petite fille sera là dans quelques minutes. »

Elles me sourient toutes les deux, tout en me pressant le bras pour que je me mette en route, pour que je les suive. Dans l'ascenseur, j'écris un court texto à mon père. *Tout va bien. Elle arrive…*

Anita a perdu ses couleurs et sa sérénité. Elle se redresse vivement quand je franchis la porte, se met à crier :

« Où tu étais ? Tu allais louper ça ! Où tu étais, bon sang ? »

Elle agrippe ma main, la broie de toutes ses forces. C'est de la terreur que je lis dans ses yeux.

« Anita, ma puce, tout va bien. J'étais juste dehors. Je prenais l'air. »

Son visage se contracte et les deux sages-femmes l'entourent aussitôt.

« Tout va bien, madame ?

— Changez-moi de position !

— Vous ressentez le besoin de pousser ? »

Elle ne répond rien. Cela doit signifier oui. Les deux femmes s'activent, passent leurs bras sous les aisselles d'Anita, la soulèvent, l'aident à se positionner sur le côté, une jambe surélevée sur un ballon. Je me place au niveau de sa tête, une main sous sa nuque.

« Je suis là, tout va bien. Je n'ai pas vu l'heure passer, mais je suis là maintenant. »

Des larmes coulent sur les joues de ma femme. Anita, mon rayon de soleil. Anita dont le sourire me rappelle chaque jour celui de Maman et de tante Cassie, un sourire à créer des arcs-en-ciel en pleine grisaille. Elle a cette même énergie, ce furieux entrain à vivre. Elle invente des chansons qu'elle fredonne à nos deux chats, aux oiseaux sur le balcon, à nos plantes vertes, à son ventre rond. Elle est comme Maman. Elle a des éclats de soleil dans les yeux.

« Anita, ça va ? »

J'essuie les gouttes salées sur son visage.

« Qu'est-ce qui se passe ?

— J'ai peur.

— Tu as peur ?

— J'ai peur de ne pas y arriver. »

Je ne la laisse pas finir. Je murmure :

« Chut. Chut, ça va aller. »

Les sages-femmes s'activent, relèvent le drap qui couvre les jambes d'Anita. Je m'accroupis, de façon à avoir mon visage au niveau de celui de ma femme. Elle enferme mes mains dans les siennes, les serre. Je m'entends dire des mots qui me semblent bien creux :

« N'aie pas peur, ma puce. Tu es capable de le faire. Je le sais. Tiens, tu sais quoi ? Demain, quand elle sera là, j'irai t'acheter des fleurs. Des fleurs que tu pourras dessiner. Lesquelles tu voudrais ?

— Qu'est-ce que tu racontes ? »

Elle manque de souffle. Elle respire mal, trop vite. Elle ne lâche pas mon regard.

« Des lys ? Des glaïeuls ?

— Des dahlias.

— Des dahlias, d'accord. »

Une des sages-femmes me fait un signe de tête entendu. Sa collègue s'adresse à Anita avec calme et douceur :

« Bien, madame Duchemin. Votre petite est là. On voit déjà son crâne. Elle est chevelue. »

Anita sourit au milieu de ses larmes, s'étrangle avec un sanglot, cherche mes yeux pour s'assurer que tout cela est bien vrai.

« Elle est là ?

— Dans une poignée de minutes, indique la sage-femme. Quand on aura fini de pousser. On est prête à y aller ? »

Anita me consulte de nouveau. Dans son regard, je lis la gravité de l'instant, la terreur contenue mais aussi la force et la détermination animales, ancestrales, toutes-puissantes. Une force de vie suprême, surannée. Dans ce regard, je comprends que plus rien ne sera plus jamais comme avant.

Mon Trésor, étoile de mes nuits, écrivait un jour Maman.

Le courrier ne peut pas me parvenir jusqu'à Uranus. Les courants galactiques sont contraires. Si tu veux me parler, si tu as besoin de te confier à moi, ferme les yeux et pense à moi. Simplement. Je t'entendrai toujours. Je te sourirai toujours. Je serai toujours là pour toi.

C'était ça, être parent. Ne plus avoir le droit de faillir. Ne plus avoir le droit de disparaître. Jamais. Craindre pour sa vie, pour la première fois peut-être. Vivre pour autre chose que soi, pour quelque chose de grand, d'immense qui nous dépassera toujours. Qui nous illuminera toujours.

Elle est minuscule. Elle est rouge. Elle gigote. Ses pleurs m'évoquent des miaulements. Ses yeux agrippent le monde. Et je sais, à cet instant. Je comprends. Comme une évidence. Une vérité universelle.

La sage-femme la dépose contre mon torse, elle attrape un de mes doigts dans ses minuscules mains. Son regard porte la marque de l'infini. Il dit ce que j'aurais déjà dû savoir, ce que je découvre seulement. Il dit que je suis parent désormais, que, s'il le faut, sans une once d'hésitation, je mourrai pour elle. Il dit que, pour elle, j'inventerai des vies sur Uranus, Pluton ou Jupiter, je ferai naître des arbres-cerfs, fabriquerai des escargots polaires, dessinerai des palais des glaces, imaginerai des milliers et des milliers de mensonges merveilleux. Pour elle je passerai mes nuits à remplir des feuilles de mon écriture, pour qu'elle ne m'oublie pas, pour que je sois à ses côtés chaque jour, même loin. Pour elle, sans l'ombre d'un doute, je me transformerai en faiseur d'étoiles.

Et si je devais mourir un jour, si ce drame devait arriver, je m'arrangerais pour qu'elle soit loin, heureuse et insouciante, en train de faire des ricochets face à un lac. Face au bleu du ciel. Je ferme les yeux, très fort, la minuscule main de ma fille entre mes doigts. C'est la première fois que je lui parle depuis de longues années. *Merci, Maman.* Puis j'ajoute : *Je t'aime à l'infini.*

22

Le jour où j'ai gommé le mur entre Papa et moi

Le bouquet de dahlias repose dans le pichet d'eau sur la table de chevet d'Anita, mais ma femme ne dessine pas les fleurs. À vrai dire, elle les a à peine regardées. Elle n'a d'yeux que pour notre fille, endormie dans son berceau. Elle mémorise chaque détail de son visage, le bruit de sa respiration, la forme de ses poings serrés, la couleur de ses cheveux de nourrisson. Quand son regard croise le mien, ses yeux semblent me demander, incrédules : c'est nous qui avons fait ça ?

Je me lève avec des gestes incertains.

« Tu es sûre que ça ne te dérange pas ? »

Une fois de plus, Anita me confirme que non.

« Je me reposerai. »

Je sais pertinemment qu'elle n'en fera rien, qu'elle tournera autour du berceau, reniflera la peau de notre fille.

Il fait déjà chaud dehors. Une chaleur de mois d'août. Dans la voiture, je mets la climatisation. Le trajet se déroule dans un état de semi-conscience, dans une torpeur lourde. La vue de la maison ne suffit pas à me réveiller totalement. Elle semble moins fringante qu'à l'époque. Les façades sont délavées, les couleurs des volets passées, les bosquets de fleurs me paraissent décharnés malgré les efforts de Marie pour les faire renaître. Ma butte est toujours là. Légèrement affaissée par les années, mais elle tient bon et l'érable argenté, qui ne produit pas de musique, en son sommet aussi. Il a tant grandi qu'il semble être là depuis toujours, depuis plus longtemps que la maison. C'est donc ça, le pouvoir des larmes ?

À la porte, j'émerge un bref instant, ma main contre le loquet, mais je ne me dégonfle pas. Je toque. Puis je retiens mon souffle.

C'est Papa qui m'ouvre, la mine fatiguée. Il est pourtant neuf heures. Pas six. Il porte un tee-shirt blanc uni. Il n'a plus jamais porté de chemises à carreaux. Victor sans chemise à carreaux, ce n'est pas vraiment Victor. Victor sans Clarisse, ce n'est plus vraiment Victor.

« Alors ? »

Il me fixe avec des yeux anxieux. Je remarque que sa main tremble légèrement contre le chambranle.

« Tout va bien.

— Oh, j'ai eu peur en te voyant…

— Elle est arrivée à trois heures tout pile cette nuit.

— Trois heures… »

Il sourit, nerveusement, maladroitement.

« Ma foi, trois heures, c'est une bonne heure... »

Je lui rends son sourire, tout aussi mal à l'aise. Il ne sait qu'ajouter. Il me fait entrer. Marie est dans le salon. Elle porte une robe d'été orange vif.

« Arthur ! Tu nous apportes une bonne nouvelle ? »

Je l'embrasse. Elle sent un parfum qui m'évoque le muguet. Frais. Sucré.

« Viens. Entre. On va te faire un café. Comment va Anita ? Et le bébé ? »

Marie s'active déjà, remplit le filtre de la cafetière, sort des tasses des placards. Papa reste en retrait, derrière.

« Elles vont bien. Toutes les deux. »

Sur le réfrigérateur, des photos de Maman, Papa et moi, légèrement jaunies. Derrière nous, les dunes et les immortelles à l'odeur entêtante. Notre dernier été à trois... Sur les clichés plus récents, Cassie, Simon et Noah devant la mer. Ici, Marie et Papa dans le jardin. Plus loin, Papi et Mamie avec Noah, bébé, dans les bras. Papi a fini par s'éteindre lui aussi. Sa tombe se trouve à côté de celle de Maman.

« Tu sucres ? »

La question de Marie reste sans réponse. Je me tourne vers Papa qui n'a toujours pas bougé, est resté planté au milieu du salon, maladroit et silencieux.

« Dis, P'pa... »

C'est la première fois depuis de longues années que je l'appelle ainsi. Je me suis mis à éviter de le nommer. Quand je parle de lui, je dis « mon père » ou « Victor » ; quand je m'adresse à lui, je ne dis rien d'autre que « tu » ou « toi ». Je sens qu'il se crispe.

« Oui, dit-il d'une voix étranglée.

— Les lettres… Tu sais… »

Un silence. Puis, de nouveau, mal assuré :

« Oui. »

Derrière nous, Marie a cessé de préparer le café.

« Tu en as sauvé certaines ? »

Ses mains font un effort pour cesser de trembler. En vain.

« Oui, quelques-unes. Tu… Tu veux… Tu veux les récupérer ? »

J'acquiesce. Le monde semble reprendre sa respiration.

« Viens », dit Papa.

Je le suis dans sa chambre, celle qu'il occupait alors avec Maman, celle qu'il occupe aujourd'hui avec Marie. Il a repeint les murs en beige. Marie y a accroché des reproductions de Van Gogh. Des tableaux de fleurs. De champs. Papa ouvre les portes de l'armoire, va chercher derrière les chaussures un petit carton. Il le dépose sur le lit. Je n'ose m'asseoir. Sur le carton figure mon prénom. *ARTHUR*, en grosses lettres carrées de Papa.

« Tiens. »

Il retire le couvercle, se saisit d'une liasse de feuilles légèrement carbonisées. Certaines sont presque entièrement noircies, d'autres ne portent que quelques traces de brûlures.

« Ce sont celles que j'ai récupérées ce soir-là. »

Mais mes yeux ne quittent plus le carton. Il y reste un second tas.

Une pile de lettres intactes, enfermées dans des enveloppes colorées, joyeuses, décorées de trèfles, d'étoiles, de cœurs.

« Ce sont les autres, m'indique Papa.

— Les autres ?

— Elle en avait prévu jusqu'à tes dix-huit ans. La dernière était destinée à arriver pour les résultats de ton bac. Une lettre de félicitations avec une gourmette en or à faire graver. Elle espérait que tu ne raterais pas ton bac, sinon ça tomberait à l'eau… »

Le sourire de Papa vacille. Je sens les larmes de la nuit revenir en torrent derrière mes paupières. Les lettres de Maman si proches. Son écriture sur l'enveloppe. Les émotions de cette drôle de matinée.

« Dis, tu… Tu crois que je peux les ramener chez moi ?

— Bien sûr. C'est fait pour… »

Je m'assure que la boule dans ma gorge me laissera tranquille avant de prononcer les mots suivants :

« Je voudrais les lui montrer quand elle sera plus grande. Je voudrais… »

Ma voix se brise. Quelques larmes s'échappent. De mes yeux. De ceux de Papa aussi. Je suis Arthur, minuscule, face à mon télescope. Papa est Papa, bien droit à côté de moi, digne et fort.

« Elle voudra sans doute savoir d'où vient son prénom. »

Les larmes brouillent ma vue, mais ça n'est pas si grave. L'essentiel est ailleurs.

« Clarisse. Elle s'appelle Clarisse Capucine Duchemin. Je lui raconterai qu'elle porte le prénom de sa grand-mère, le prénom d'une faiseuse d'étoiles. »

Le sanglot de Papa déchire la chambre et je comprends que j'ai réussi. J'ai conjuré le sort. Grâce à mes mots ou grâce à la Grande Gomme magique de l'Univers. J'ai réussi à effacer le mur entre Papa et moi. Aussi simplement que cela : quelques mots et un soupçon de magie.

FIN

UNICEF,
pour
chaque
enfant
unicef

pour chaque enfant,
une Terre
préservée
« Chaque enfant a un droit inhérent à la vie, et l'État a l'obligation d'assurer la survie et le développement de l'enfant compte tenu des risques de pollution du milieu naturel. »
Articles 6, 24
Convention internationale des droits de l'enfant

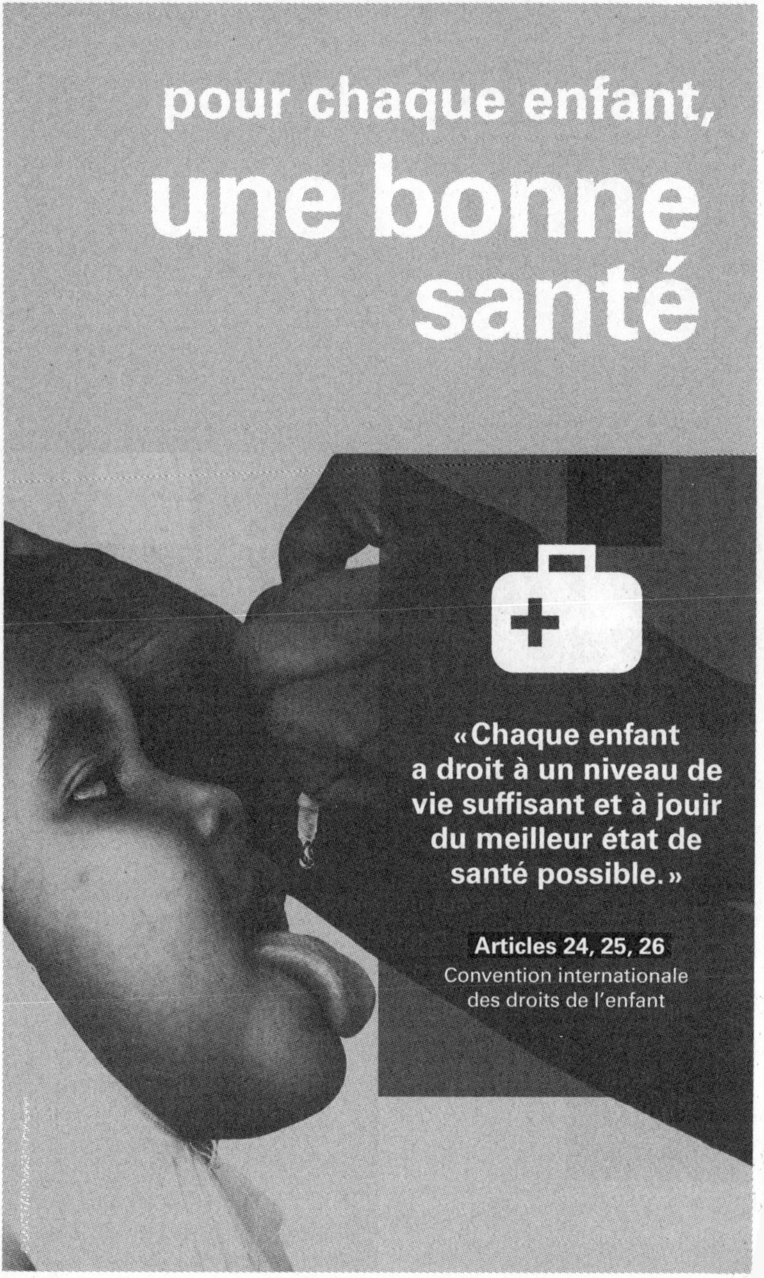
pour chaque enfant,
une bonne santé
«Chaque enfant a droit à un niveau de vie suffisant et à jouir du meilleur état de santé possible.»
Articles 24, 25, 26
Convention internationale des droits de l'enfant

pour chaque enfant,
de l'eau
potable
« Chaque enfant a le droit d'être protégé et soigné des maladies, de boire et de manger suffisamment pour grandir en bonne santé. »
Article 24
Convention internationale des droits de l'enfant
© UNICEF/UNI189335/Gilbertson VII Photo

pour chaque enfant,
l'école
« Sur la base de l'égalité des chances, l'enseignement primaire doit être obligatoire et gratuit, l'enseignement secondaire accessible à tous, dans le respect de la dignité de l'enfant. »
Articles 28, 29
Convention internationale des droits de l'enfant

pour chaque enfant,
grandir
en sécurité
« Les enfants
ont le droit de grandir
dans un environnement
qui leur garantisse
la protection. »
Articles 19, 22, 32 à 40
Convention internationale
des droits de l'enfant

Composition réalisée par PCA

Achevé d'imprimer en France par
CPI BRODARD & TAUPIN (72200 La Flèche)
en mai 2023
N° d'impression : 3053049
Dépôt légal 1re publication : juin 2023
LIBRAIRIE GÉNÉRALE FRANÇAISE
21, rue du Montparnasse – 75298 Paris Cedex 06

58/4603/6